PULS 1

Puls 1
Fanny Slotorub og Neel Jersild Moreira
© Alfabeta, København 2013
Et forlag under Lindhardt og Ringhof A/S, et selskab i Egmont

Design og sats: Connie Thejll Jakobsen
Forlagsredaktion: Helle Lehrmann Madsen
Billedredaktion: Kirsten Frank og Ulla Barfod

Trykkeri: Livonia Print

1. udgave, 8. oplag 2020

ISBN: 978-87-636-0319-5

www.alfabetaforlag.dk

Illustrator: Lotte Nybo side 22, 53, 54, 68, 86, 92,
side 26 Lars Petersen

Fotograf: Jørgen Schytte: s. 4- 8, 20, 21, 29, 35, 47,
55 (1-3 + 6-8), 64, 66, 70, 75 (1+2), 90, 95, 98, 111.

opgaven findes på Puls 1-websitet

lyden findes på Puls 1-websitet

kopiside findes i lærervejledningen

Kapitel 1:
S. 9: 1: © Claus Bonnerup/Polfoto, 2: © Andre Penner/AP,
3: © Heinz Wohner/Look, 4: © Swns/Masons/HEMedia,
5: © Polfoto/Topfoto, 6: © Finn Frandsen/Polfoto
S. 15: 1: © Djorovic Aleksandar/Polfoto, 2: © Cinetext Bildar-
chiv, 3: AP/Polfoto, 4: © Ullstein Bunk/Polfoto, 5. © Sharinfulin
Valery/Scanpix, 6. © Ron Sachs/Photoshot/Polfoto
S. 18: 1: © Cinetext Bildarchiv, 2: © Anonymous/AP/Polfoto,
3: © Photoshot/Polfoto, 4: © Björn Larsson Ask/Scanpix
Sweden, 5: ©Jørgen Jessen/Scanpix, 6: © Privateje

Kapitel 2:
S. 24-25 + 28: © Connie Thejll Jakobsen

Kapitel 3:
S. 38: 1: © Seth Joel/ Polfoto, 2: © Kim Agersten/Polfoto,
3: © Lars E. Andreasen/Her og Nu/Polfoto, 4: © Michael Jade/
Scanpix, 5: © Polfoto, 6+7: © Disney, 7: © Paul Bulk/Scanpix
S. 39: © Katrine Graugaard
S. 41: © Albert Nieboer/Polfoto
S. 49: © Connie Thejll Jakobsen
S. 50: 1: © Bert Wiklund, 2: © Heidi Lundsgaard
S. 51: © Privat eje

Kapitel 4:
S. 55: 4: © Luuk Geertsen/Scanpix, 5: © Steward Cohen/
Corbis/Polfoto
S. 56: © Bert Wiklund
S. 58: 1: © Bax Lindhardt/Scanpix, 2: © Bo Svane/Polfoto,
3: © Jakob Eskildsen/Scanpix, 4: © Gregers Nielsen/Scanpix,
5: © Emil Hougaard/Polfoto, 6: © Kirkholt Photo/Polfoto,
7: © Kåre Viemose/Scanpix, 8: © Kim Nielsen/Polfoto

Kapitel 5:
S.75: 3: © Photos.com/Michael Gray
S. 76: 3: © Photos.com/nata789
S. 80: 1+2: © Photos.com
S. 81: © Photos.com/ Tatjana Baibakova
S. 82: 1: © Merrild, 2-7: © Photos.com, 8: © HC Fotografi A/S/
Arla foods
S. 83: © Jens Astrup/Scanpix
S. 84: 1: © Mie Brinkmann/Polfoto, 2: © Lars Hansen/Polfoto,
3: © Photos.com/Renaud Vejus, 4: © Martin Dam Kristensen/
Scanpix, 5: © Ramsing Tømmer & Maskinsnedkeri A/S,
6: © Harders boghandel,7: © Photos.com/36clicks,
8: © Photos.com/ Stockbyte, 9: © Lagkagehuset
Side 85: © Drahoslav Ramik/Polfoto

Kapitel 6:
S. 88: 1: © Tivoli, 2: © Niels Ebbesen, 3: © Bert Wiklund,
4: © Matthias Ritzmann/Polfoto, 5: © Photos.com/Robert
Hoetink, 6 + 7: © Bert Wiklund, 8: © Jacob Bahn/Polfoto.
S. 91: © Jürco Börner /Polfoto

Kapitel 7:
S. 99: 1: © Istock 2: © A. Inden,Polfoto, 3: © Photos.com/Ferran
Traite Soler, 4: Niels Krogh Søndergaard, 5: © Photos.com/
Sam Aronov, 6: © Photos.com/George Doyle
S. 103: © Istock
S. 105: © Altaf Qadri/Polfoto
S. 109: © Owen Franken/Polfoto

Cooperative Learning: Når der ved en struktur står ©, henviser
det til: ©Kagan Cooperative Learning, Spencer Kagan & Jette
Stenlev, Alinea.

Fanny Slotorub Neel Jersild Moreira

PULS 1

Alfabeta

Præsentation: navn / land / sprog / nationalitet / alder / tlf.nr /arbejde / bopæl / gift / børn

Lande / nationaliteter / sprog

Sproghandlinger:
at hilse / at spørge hvordan det går / at undskylde / at takke / at ønske god weekend

Udtale: alfabetet / endelsen -er / vokalerne / assimilation / D / tallene

Grammatik: personlige pronominer / SVA-ordstilling / spørgsmål / tror

OPGAVE 1   Præsentation: Lyt og læs 🔊

Lene: Hej.
John: Hej. Hvad hedder du?
Lene: Jeg hedder Lene. Hvad hedder du?
John: Jeg hedder John.

* Holdrunde: Spørg, og svar på samme måde.

Lene: Hvor kommer du fra?
John: Jeg kommer fra Australien. Hvor kommer du fra?
Lene: Jeg kommer fra Danmark.

* Holdrunde: Spørg, og svar på samme måde.
* Gå rundt, og spørg alle på holdet om deres **navn** og **land**.

UDTALE
he**dd**er	=	[ð]
f**r**a / Aust**r**alien	=	[r]
jeg	=	[jɑ]
hedd**er** / komm**er**	=	[ɔ]

UDTALE   Alfabetet   🔊

 ALFABETET

Arbejd videre med *alfabetet* på nettet.

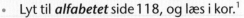

- Lyt til *alfabetet* side 118, og læs i kor.[1]

- Lav bogstavdiktaten på nettet, og skriv ordene her:

_____

_____

OPGAVE 2   Dialog: Lyt og læs   🔊

Marco fra Italien og Yasinta fra Tanzania
går til dansk på et sprogcenter i København.

Yasinta: Hej. Hvad hedder du?

Marco: Hej. Jeg hedder Marco.

Yasinta: Er det dit fornavn?

Marco: Ja. Jeg hedder Marco til fornavn og
Rosi til efternavn. Hvad hedder du?

Yasinta: Jeg hedder Yasinta.

Marco: Yas… hvad?

Yasinta: Yasinta.

Marco: Yasinta. Hm. Hvordan staver du det?

Yasinta: Y, a, s, i, n, t, a.

Marco: Nåh. Hvad hedder du så til efternavn?

Yasinta: Kitule. K, i, t, u, l, e.

- Pararbejde: Spørg og svar på samme måde.

OBS
PRONOMINER

ENTAL	FLERTAL
jeg	vi
du	I
han / hun	de

- Svar på spørgsmålene:

1. Hvor kommer Marco fra?   _____

2. Hvor kommer Yasinta fra?   _____

3. Hvor går Marco og Yasinta til dansk?   _____

4. Hvad hedder Marco til efternavn?   _____

5. Hvad hedder Yasinta til efternavn?   _____

[1] Lav holdrunder, hvor en kursist siger A, den næste B osv. Varier evt. ved at en kursist siger et bogstav og derpå kaster et
viskelæder til en vilkårlig kursist, der siger det næste bogstav i alfabetet.

OPGAVE 3   Dialog: Lyt og læs 🔊

Tanya går til dansk på et sprogcenter. Hun snakker med en anden kursist på holdet.

Tanya: Hej. Hvad hedder du?

Samuel: Jeg hedder Samuel. Hvad hedder du?

Tanya: Jeg hedder Tanya.

Samuel: Hvor kommer du fra?

Tanya: Jeg kommer fra Letland. Hvad med dig?

Samuel: Jeg kommer fra Frankrig.

Tanya: Hvad sprog taler du?

Samuel: Jeg taler fransk, engelsk og lidt dansk. Hvad sprog taler du?

Tanya: Lettisk og russisk. Jeg taler også lidt dansk.

- Pararbejde: Spørg, og svar på samme måde.

OPGAVE 4   Holdundersøgelse: Spørg om navn, land og sprog

- Gå rundt, og spørg alle om deres **navn, land** og **sprog**. Skriv nøgleord om de andre kursister på et papir. Fx *Rosali – Brasilien – portugisisk, engelsk og dansk*[2].

➕ SPROGHJÆLP

'Hvad hedder 'du?	'Jeg hedder (*Rosa'li*).
Hvor'dan 'staver du 'det?	(*R, O, S, A, L, I*).
'Hvor 'kommer du 'fra?	Jeg 'kommer fra (*Bra'silien*).
'Hvad 'sprog 'taler du?	Jeg taler (*portu'gisisk, 'engelsk og 'dansk*).
'Tak skal du 'have.	'Selv 'tak.

- Fortæl om en af de andre kursister til resten af holdet. Svar på spørgsmålene.

  1. Hvor mange kommer fra Europa? _____
  2. Hvor mange kommer fra Asien? _____
  3. Hvor mange kommer fra Afrika? _____
  4. Hvor mange kommer fra Sydamerika? _____
  5. Hvor mange taler spansk? _____

- Skriv om holdet hjemme. Brug dine nøgleord.

➕ SPROGHJÆLP

Han / hun hedder …

Han / hun kommer fra …

Han / hun taler …

 PRÆSENTATION

Arbejd videre med *præsentation* på nettet.

---

[2] Forklar kursisterne, at hensigten med lyt gå rundt og spørge alle på holdet er, at de får stillet og svaret på de samme spørgsmål mange gange. Dermed øges muligheden for at automatisere spørgsmål og svar. Bliver det for tidskrævede, kan de nøjes med at spørge halvdelen af holdet og så notere under fremlæggelserne. Det er vigtigt at de tager noter, for dem skal de bruge, når de hjemme skal skrive om holdet.

OPGAVE 5   Kategorisering: Skriv ordene under den rigtige kategori

Somalia	ghaneser	iraker	Israel	belgier	USA
russisk	Indonesien	norsk	arabisk	tuneser	italiensk
Kuwait	pakistaner	kinesisk	engelsk	Nigeria	nepaleser

Land	Sprog	Nationalitet
Somalia		

UDTALE   Endelsen –er [ɔ] 🔊

- Lyt og gentag.

Nationaliteter

englænd**er**	iran**er**	svensk**er**	sydafrikan**er**
dansk**er**	portugis**er**	kines**er**	mexican**er**

Verber i nutid

hedd**er**	komm**er**	stav**er**	tal**er**
snakk**er**	skriv**er**	arbejd**er**	læs**er**

UDTALE   Vokaler 🔊

- Lyt til **vokalskemaet** side 118, og læs i kor.
- Lyt, og skriv vokalerne.

1. T ___ r k ___ et   2. M ___ l ___   3. ___ str ___ g

4. L ___ s   5. s ___ d ___ n ___ ser   6. m ___ r ___ kk ___ ner

7. ___ kr ___ ner   8. n ___ rdm ___ nd

(www) VOKALER

Arbejdvidere med **vokaler** på nettet.

OPGAVE 6   Dialog: Lyt og skriv de ord der mangler 🔊

Diego: Er du _____ ?

Hyun: Nej, jeg er ikke _____ .

Jeg er _____ .

Diego: _____ du _____ ?

Hyun: Ja selvfølgelig. Det er mit modersmål.

_____ sydamerikaner?

Diego: Nej, _____ sydamerikaner.

Jeg er _____ .

Hyun _____ mexicansk?

Diego: _____ _____ .

• Spørg hinanden om **nationalitet** og **modersmål**.[3]

✚ SPROGHJÆLP

Er du (*'tysker*)?   'Nej, jeg er 'ikke [**jɑɑ eg**] (*'tysker*). Jeg er [**jɑɑ**] …

                                  S   V   A

Er dit 'modersmål (*'norsk*)?   'Nej, det er 'ikke [**dee eg**] (*'norsk*). Det er [**dee**] …

                                  S   V   A

🌐 LANDE / NATIONALITETER / SPROG

Arbejd videre med *lande / nationaliteter / sprog* på nettet.

UDTALE   Assimilation med er 🔊

• Lyt og gentag.

Jeg er [**jɑɑ**] dansker.	Jeg er ikke [**jɑɑ eg**] dansker.
Du er [**duu**] kineser.	Du er ikke [**duu eg**] kineser.
Vi er [**vii**] japanere.	Vi er ikke [**vii eg**] japanere.
I er [**ii**] indere.	I er ikke [**ii eg**] indere.
De er [**dii**] franskmænd.	De er ikke [**dii eg**] franskmænd.
Det er [**dee**] rigtigt.	Det er ikke [**dee eg**] rigtigt.

---

[3] Kursisterne kan enten gå rundt og spørge hinanden eller blive siddende og lave en holdrunde. Evt. kan man variere øvelsen ved at en kursist kaster et viskelæder til en vilkårlig kursist og spørger som i sproghjælpen.

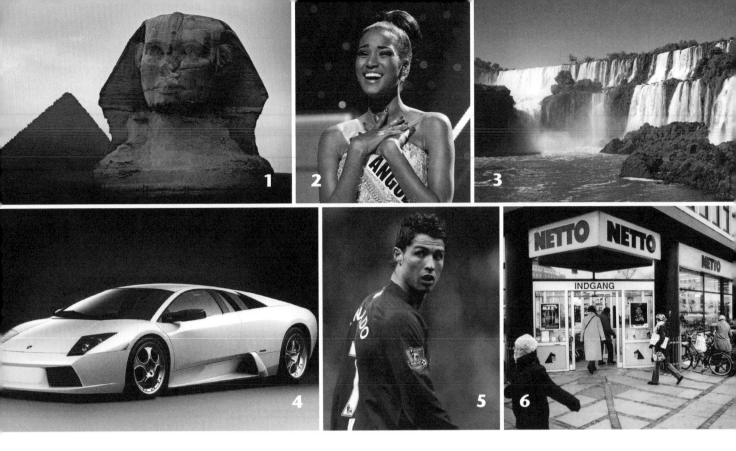

OPGAVE 7 Quiz: Gæt og sæt kryds 🔊

1. Sfinksen ligger i

   ⬤ a. Mexico

   ⬤ b. Spanien

   ⬤ c. Egypten

3. Iguazu ligger i

   ⬤ a. Peru

   ⬤ b. Mexico

   ⬤ c. Argentina

5. Cristiano Ronaldo er

   ⬤ a. spanier

   ⬤ b. portugiser

   ⬤ c. hollænder

2. Miss Universe 2011, Leila Lopes, er

   ⬤ a. sydafrikaner

   ⬤ b. kenyaner

   ⬤ c. angolaner

4. Lamborghini er

   ⬤ a. en spansk bil

   ⬤ b. en italiensk bil

   ⬤ c. en japansk bil

6. Netto er

   ⬤ a. et tysk firma

   ⬤ b. et dansk firma

   ⬤ c. et engelsk firma

• Lyt, og tjek jeres svar.
• Sig sætninger med *ikke*.

✚ SPROGHJÆLP

'Sfinksen 'ligger 'ikke i… **eller** i… 'Sfinksen 'ligger i…
  S   V   A

SVA-ORDSTILLING

På dansk har vi SVA–ordstilling i hovedsætninger: Subjekt (S) + verbal (V) + adverbial (A)

Jeg går **ikke** på et sprogcenter.
S   V   A

Hun taler **kun** engelsk.
S   V   A

Vi kommer **også** fra Tyrkiet.
S   V   A

- Ret sætningerne. Brug *ikke*.

1. Bangkok ligger i Peru.

   Bangkok ligger ikke i Peru. Bangkok ligger i Thailand.
   S   V   A

2. London ligger i USA.

3. Barack Obama kommer fra Tyskland.

4. Paris er hovedstaden i Holland.

5. Coca Cola er et fransk firma.

6. En Rolls Royce er en kinesisk bil.

- Skriv selv 6 sætninger: 3 rigtige og 3 forkerte.
  Fx *Oslo ligger i Norge. / Apple er et japansk firma.*

- Læs jeres sætninger højt.[4]

SPROGHJÆLP

A: 'Apple er et ja'pansk 'firma.
B: Det er [dee] 'rigtigt. / Det er [dee] for'kert. 'Apple er 'ikke et ja'pansk 'firma.
   'Apple er et ameri'kansk 'firma.

---

[4] Enten parvis, hvor kursisterne på skift læser en af deres sætninger højt, og den anden svarer som i sproghjælpen.
Eller lav øvelsen på holdet, fx som en konkurrence, hvor en kursist læser en sætning højt, og de andre banker i bordet,
hvis de kender svaret. Den hurtigste svarer (som i sproghjælpen) og får 1 point for et korrekt svar.

- Læs teksten: Er sætningerne rigtige (R) eller forkerte (F)?

1. Frede kommer fra Odense.   F   5. Fredes kone kommer fra Norge.

2. Frede bor i Odense.   _____   6. Frede og hans kone taler russisk sammen. _____

3. Frede arbejder i Haderslev. _____   7. Frede er kursist på et sprogcenter. _____

4. Fredes kone hedder Natalia. _____   8. Der er 12 kursister på Fredes hold. _____

- Pararbejde: Sig sætningerne, så de passer. Brug **ikke**.

➕ SPROGHJÆLP

1. Det er [**dee**] for'kert. 'Frede 'kommer ('*ikke*) fra 'Odense. Han 'kommer fra …
            S   V   A

Frede fra Haderslev

Jeg hedder Frede. Jeg kommer fra Haderslev i Jylland, men jeg bor og arbejder i Odense nu. Jeg er gift med Nadya. Hun er russer og kommer fra Ruslands hovedstad Moskva. Hun taler selvfølgelig russisk, men også engelsk, dansk og lidt fransk. Vi taler dansk sammen. Nadya er designer i et engelsk firma, som ligger her i Odense.

Jeg er lærer og arbejder på et stort sprogcenter. Jeg underviser i dansk. På mit hold er der 14 kursister. De kommer fra mange lande. Tre kommer fra Sydamerika, to er brasilianere, og en er argentiner. Fire kommer fra Asien, der er to kinesere, en japaner og en thailænder. Der er også fem europæere, en fra Hviderusland, to fra Italien, en portugiser og en franskmand. Og så er der en iraner og en australier.

Jeg er glad for mit arbejde, fordi jeg møder mennesker fra hele verden.

- Skriv selv 3 rigtige og 3 forkerte sætninger om teksten. [5]

SVA-ORDSTILLING

Arbejd videre med *SVA-ordstilling* på nettet.

---

[5] Se note side 10.

UDTALE   D 🔊

- Lyt, og gentag.

Hårdt d [d]	Blødt d [ð]	Stumt d [÷]
Danmark	Frede	land
dialog	Haderslev	hold
de	Odense	godt

- Læs om **D** side 119.
- Lyt, og sæt kryds ved den rigtige lyd.

	Hårdt d [d]	Blødt d [ð]	Stumt d [÷]
1. dansk			
2. hove**d**stad			
3. hedder			
4. Nordkorea			
5. Sydamerika			
6. undskyl**d**			
7. glad			
8. møder			
9. arbejder			
10. udtale			

- Lyt til teksten *Frede fra Haderslev* (side 11), og understreg *det bløde d* [ð] fx Fre<u>d</u>e.
- Lyt til teksten igen, og streg *det stumme d* ud fx Jyllan~~d~~.

🌐 UDTALE: D
Arbejd videre med *D* på nettet.

- Lyt til teksten om Diana på nettet, og skriv alle ordene med blødt og stumt d her:

Blødt d: _____

_____

Stumt d: _____

_____

OPGAVE 10   Sproghandlinger: Lav dialogerne [6] 🔊

Det går godt. Hvad med dig?	Hvorfor ikke?	Det går ikke så godt.
Det er i orden.	Selv tak. Vi ses i morgen.	Jeg har sovet dårligt.

Dialog 1

Hong: _Undskyld jeg kommer for sent._

Tom: _____

Dialog 2

Jim: _Tak for i dag._

Line: _____

Dialog 3

Ana: _Godmorgen. Hvordan går det?_

Jerry: _____

Ana: _____

Jerry: _____

Ana: _____

SPROGHANDLINGER

Arbejd videre med *sproghandlinger* på nettet.
Skriv dialog C og D fra nettet her i bogen.

Dialog C

Wendy: _____

Tom: _____

Wendy: _____

Tom: _____

Dialog D

Carlo: _____

Kate: _____

Carlo: _____

[6] Når kursisterne har lavet dialogerne og lyttet/tjekket deres svar, kan man skrive dialogerne på tavlen og markere tryk. Herefter øves udtalen grundigt. Til sidst kan man fjerne ord eller hele sætninger, som kursisterne så skal huske, når de øver dialogerne parvis med lukkede bøger.

OPGAVE 11   Grammatik: Hv-spørgsmål

- Hv-spørgsmål begynder med et hv-ord (fx **hv**ad). Hvor mange hv-ord kender du? [7]

    Skriv dem her: _____

- Læs om **hv-spørgsmål** side 112.

OBS	**ENTAL**	**FLERTAL**
	jeg	vi
	du	I
	han/hun	de

- Lav spørgsmål. Pas på pronominerne.

    Hvad hedder du?   Jeg hedder Li.
     v   s   s   v

1. _____   De hedder Kate og Jill.

2. _____   Han hedder Birk til efternavn.

3. _____   Jeg kommer fra Nepal.

4. _____   Vi taler spansk.

5. _____   Hun bor i København.

6. _____   Det går godt.

OPGAVE 12   Grammatik: Ja/nej-spørgsmål

- Pararbejde: Snak om, hvordan man laver ja/nej-spørgsmål. Hvordan er ordstillingen?
- Læs om **ja/nej-spørgsmål** side 112.
- Lav spørgsmål.

    Hedder hun Amira?   Ja, hun hedder Amira.
     v   s   s   v

1. _____   Nej, han hedder ikke Alex.

2. _____   Ja, det er mit fornavn.

3. _____   Ja, jeg kommer fra Somalia.

4. _____   Nej, vi taler kun tyrkisk.

5. _____   Nej, de er ikke gift.

6. _____   Ja, vi har to børn.

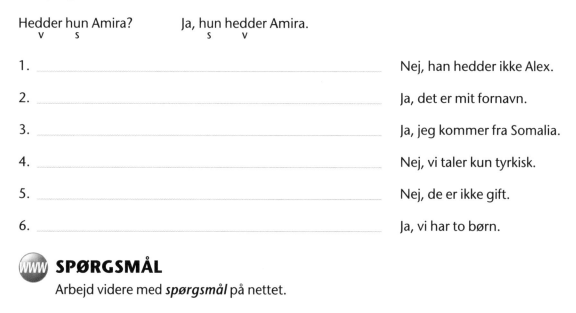 SPØRGSMÅL
Arbejd videre med *spørgsmål* på nettet.

---

[7] Bed kursisterne om at kigge de foregående sider igennem. Skriv alle deres hv-ord på tavlen, og lad kursisterne lave spørgsmål med disse. Snak om ordstillingen i spørgsmål.

Spørg om billeder 🔊

- Hvem er hvem? Match ordene med billederne. Der er to ord, du ikke skal bruge.

skuespiller _____	sanger _____	fotomodel _____	fodboldspiller _____
journalist _____	politiker _____	tennisspiller _____	(kunst)maler _____

- Pararbejde: Spørg hinanden om personerne.

✚ SPROGHJÆLP

HV-SPØRGSMÅL

'Hvad 'hedder (*hun*)?
'Hvad 'laver (*hun*)?
'Hvor 'kommer (*hun*) 'fra?

JA/NEJ-SPØRGSMÅL

Hedder (*hun*) 'Monica?
Er (*hun*) 'fodboldspiller?
'Kommer (*hun*) fra Ti'bet?

Brug *det ved jeg ikke*, hvis du ikke kender svaret.

GENITIV

Hillary + s = Hillary**s** / hendes
Bill + s = Bill**s** / hans

- Lyt, og tjek jeres svar.

  1. Hvor kommer Caroline Wozniackis forældre fra?
  2. Hvad hedder tv-serien *Friends* på dansk?
  3. Hvad hedder de 3 mænd i tv-serien?
  4. Hvor kommer Elton John fra?
  5. Hvad er et af Picassos fornavne?
  6. Hvor døde Picasso?
  7. Hvor spiller Messi fodbold?
  8. Hvad er Bill Clintons rigtige fornavn?

- Skriv 10 sætninger om personerne.

- Lyt igen, og svar på spørgsmålene.

OPGAVE 14   Grammatik: Indsæt personlige pronominer 🔊

- Se evt. **personlige pronominer** side 113.

To lærere på et sprogcenter, Julie og Frank, taler sammen. De taler om de to nye kursister, Rosa og Ali.

Frank: Godmorgen.

Julie: Godmorgen. Hvordan går det?

Frank: Det går ikke så godt. _____ er forkølet.

Men _____ har fået to nye kursister på vores

hold.

Julie: Hvad hedder _____?

Frank: _____ hedder Ali og Rosa.

Julie: Hvor kommer Rosa fra?

Frank: _____ kommer fra Peru.

Julie: Hvad med Ali? Kommer _____

fra Tyrkiet?

Frank: Nej. _____ kommer fra Irak.

Julie: Taler _____ begge to dansk?

Frank: Ja, _____ taler lidt dansk.

- Lyt, gentag og læs to og to.
- Pararbejde: Snak om de andre på holdet. Spørg, og svar på skift.

✚ SPROGHJÆLP

Hv-spørgsmål
Hvad hedder (*han / hun / de*)?
Hvor kommer (*han / hun / de*) fra?
Hvad taler (*han / hun / de*)?

Ja/nej-spørgsmål
Hedder (*han / hun / de*) ...?
Kommer (*han / hun / de*) fra ...?
Taler (*han / hun / de*) ...?

🌐 PERSONLIGE PRONOMINER

Arbejd videre med *personlige pronominer* på nettet.

UDTALE   Tal 🔊

- Lyt til *tallene* side 120 og læs i kor.
- Holdrunde: Sig tallene efter tur.
- Holdrunde: Spørg hinanden, som i sproghjælpen.

- Pararbejde: Sig tallet, og sig tallet efter, fx *11-12, 19-20*

11	19	33	78	80	15	17
85	29	46	54	76	63	27
7	38	95	26	68	23	13
48	93	57				

OPGAVE 15   Taldiktat: Lyt og skriv tallene 🔊

_____ , _____ , _____ , _____ , _____ , _____ , _____ , _____ , _____

_____ , _____ , _____ , _____ , _____ , _____ , _____ , _____ .

OPGAVE 16   Lav en telefonliste[8] 📄

- Gå rundt, og spørg alle om deres **telefonnummer**. Udfyld listen, du får af din lærer.

OPGAVE 17   Holdundersøgelse: Hvor gamle er I på holdet?

- Gå rundt, og spørg alle om deres **alder**. Tag noter.[9]

- Tjek jeres tal to og to, og svar på spørgsmålene.

1. Hvem er yngst? _____

2. Hvor gammel er den yngste? _____

3. Hvem er ældst? _____

4. Hvor gammel er den ældste? _____

5. Hvor gamle er I på holdet i gennemsnit? _____

---

[8] Forklar kursisterne, at hensigten med at gå rundt og spørge om alle telefonnumre er at træne tallene. Bliver det for tidskrævede, kan de nøjes med at spørge halvdelen af holdet. Volder tallene ingen problemer, springes opgaven over.

[9] Kursisterne skal her notere alles navne og alder på et stykke papir, så de bagefter kan svare på spørgsmålene. Forklar, at hensigten med opgaven er at træne tallene såvel som at automatisere spørgsmål og svar i sproghjælpen.

Spørg om billeder af kendte personer   🔊

✚ SPROGHJÆLP

A: ˈHvem er ˈdet, ˈtror du? / ˈHvem er perˈsonen på ˈbillede (ˈ1), ˈtror du?

B: (Jeg ˈtror), ˈdet er [**dee**] (ˈMeryl ˈStreep) / ˈdet er en [**deen**] (ˈskuespiller).

A: Det ˈtror jeg (ˈogså / ˈikke). Jeg ˈtror, ˈdet er [**dee**] …

A: Hvor ˈgammel ˈer (hun / han) på ˈbilledet, ˈtror du?

B: Jeg ˈtror, (hun / han) er (ˈ45 ˈår).

A: Det ˈtror jeg (ˈogså / ˈikke). Jeg ˈtror, (han / hun) er …

OBS: Brug kun tror, når du ikke er sikker.

> **At tro** = når man
> ikke er sikker
> (man gætter).

1 Alder på billedet: _____

2 Alder på billedet: _____

3 Alder på billedet: _____

4 Alder på billedet: _____

5 Alder på billedet: _____

6 Alder på billedet: _____

- Lyt, og skriv personernes alder på billedet.
- Lyt igen, og sæt kryds ved ja eller nej. Hvis du sætter kryds ved nej, så skriv det rigtige svar.

	Ja	Nej	
1. Meryl Streep er født i 1968.	○	○	_____
2. Præsident Barack Obama er 61 år i dag.	○	○	_____
3. Michael Jackson døde i 2007.	○	○	_____
4. Michael Jackson døde som 51-årig.	○	○	_____
5. Bob Dylan er født i 1961.	○	○	_____
6. Bob Dylan hedder rigtigt Robert Allan til fornavn.	○	○	_____
7. Dronning Margrethe havde sølvbryllup i 1972.	○	○	_____
8. Dronning Margrethe er 76 år i dag.	○	○	_____
9. Helle Thorning hedder Schmidt til efternavn.	○	○	_____
10. Helle Thorning er født i 1965.	○	○	_____

- Lav sætningerne om til ja/nej-spørgsmål, og spørg hinanden to og to.

✚ SPROGHJÆLP

Er 'Meryl 'Streep 'født i '19'68?   'Ja. / 'Nej. Hun er 'født i …
  v   s   s v

OPGAVE 19   Diktat 🔊

- Lyt og skriv teksten.

OPGAVE 20   Interview hinanden og udfyld skemaet

- Interview hinanden to og to.[10]
- Skift partner, og fortæl om personen i jeres skema.

Navn	Gift / ugift
Alder	Børn
Land	Arbejde
Sprog	Bopæl

---

[10] Repeter først, hvordan man stiller spørgsmålene, og lad evt. kursisterne skrive dem på tavlen.

1. Jackie hedder Walsh til efternavn. Hun kommer fra Bristol i England, men nu bor hun i Danmark og arbejder som sygeplejerske på Rigshospitalet. Hun er gift med en dansker. Hendes mand hedder Per, og han er pilot. Jackie er 26 år, og Per er 34. De bor i et stort hus i Hellerup sammen med deres søn Adam på 2 år. Jackie taler godt dansk, men hun taler altid engelsk med Per.

2. Azhar Azeem er pakistaner og 32 år. Han bor alene i en lejlighed i Vejle i Jylland. Han arbejder som it-konsulent på et reklamebureau. Han er ikke gift, men han har en kæreste. Hun hedder Iben og bor også i Vejle. Iben er dansker og 25 år. Azhar taler mange sprog, bl.a. urdu og engelsk. På arbejdet og sammen med Iben taler Azhar engelsk.

3. Britta Wagner er 48 år. Hun kommer fra Berlin i Tyskland. Hun var gift med Ken, men nu er de skilt. Britta og Ken har 3 børn sammen. De er 12, 10 og 7 år. Britta bor nu alene med børnene i en lejlighed i Næstved. Hun er pædagog i en børnehave. Britta taler altid dansk, også med sine børn.

4. Ivan hedder Borini til efternavn. Han er italiener og bor sammen med sin familie i et gammelt hus i Fåborg på Fyn. Han er gift med Helle, som er dansker. De er begge to 34 år. De har to børn sammen, en søn på 5 år og en datter på 2 år. Ivan er god til dansk, og Helle er god til italiensk, så familien taler både dansk og italiensk sammen. Ivan er mekaniker og har et autoværksted.

Fornavn	Jackie	Azhar	Britta	Ivan
Efternavn				
Alder				
Land				
Sprog				
Gift / ugift				
Børn				
Arbejde				
Bopæl				

• Spørg hinanden om informationerne i skemaet.

[11] Det kan anbefales at kursisterne læser, lytter og udfylder skemaet derhjemme.

REPETITION

 BILLEDSERIE PÅ NETTET

Arbejd med *billedserien* på nettet.

Udfyld skemaet med de informationer, du får om personerne.

Skriv ÷ hvis informationen mangler.

På holdet: Stil spørgsmål til skemaet (både hv-spørgsmål og ja/nej-spørgsmål).

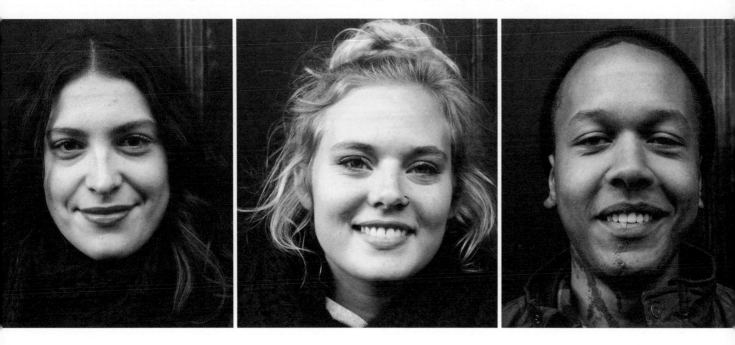

Navn

Land

Alder

Studier

Arbejde

Telefonnummer

QUIZ & BYT[©12]

 **TEST 1**[13]

Lav *testen* på nettet.

---

[12] **Quiz & byt**: Kortene i lærervejledningen kopieres og klippes ud. Hver kursist får et kort med et spørgsmål. Kursisten går rundt, finder en partner og stiller sit spørgsmål. Partneren svarer og stiller sit spørgsmål. Derpå bytter de kort, og finder nye partnere. På denne måde cirkulerer spørgsmålene rundt mellem kursisterne.

[13] Test: Når kursisterne har lavet testen, kan læreren gå ind i *Analyse* og der få en oversigt over holdet samt se kursisternes resultater. Bagefter kan man evt. gennemgå testen på holdet.

2 DU OG DIN HVERDAG

Ting i klassen

Klokken / tidsudtryk

Gøremål / hverdagsrutiner

Sproghandlinger: at bede om noget / at tilbyde noget / at takke

Udtale: tryk / klokken / endelsen -en / vokaler / ugedage

Grammatik: substantiver (flertal) / possessive pronominer / inversion / verber (infinitiv / nutid / datid)

OPGAVE 1   Matching: Ting i klassen[1] ◁))

SUBSTANTIVER
n-ord
en bog
en taske
en blyant
en mappe
en ordbog
en rygsæk
en kuglepen
en blyantspidser

t-ord
et hæfte
et viskelæder
et papir
et penalhus

[1] Her er det hensigten, at kursisterne evt. parvis snakker sammen om ordene og slår de ord op, de ikke kender, i en ordbog. Bagefter lytter de til ordene og læser dem højt. Derpå øves sproghjælpen på næste side med særligt fokus på assimilation. Til sidst kan kursisterne pege på ting i lokalet og spørge hinanden på holdet. Og/eller de kan gå rundt og spørge hinanden to og to.

➕ SPROGHJÆLP

A: 'Hvad er 'det [vaa de]? B: Det er **en** [deen] ('*bog*). / Det er **et** [deed] ('*hæfte*).

A: Hvis ('*bog* / '*hæfte*) er 'det? B: Det er [dee] 'mi**n** / 'mi**t**.

'di**n** / 'di**t**.

'hans / 'Johns / 'hendes / 'Pias.

A: Er det ('*din* '*bog* / '*dit* '*hæfte*)? B: 'Ja / 'Nej, det er 'ikke 'mi**n** / 'mi**t**. Det er ('*Johns*/ '*Pias*).

OBS

Substantiver	**n-ord** (en bog)	**t-ord** (et hæfte)
	↓	↓
Possessive pronominer	**min** / **din** (bog)	**mit** /**dit** (hæfte)

- Se **possessive pronominer** side 113.

OPGAVE 2 Grammatik: Skriv substantiverne i skemaet[2] ◁))

et hæfte	en stol	en blyant	et papir	et bord	en telefon
en taske	en ting	et ur	et skab	et fjernsyn	en kuglepen

	ENTAL (singularis)	FLERTAL (pluralis)	FLERTALS-ENDELSE
1	en uge / en måned	uge**r** / måned**er**	
			+ r **+ er** [ɔ]
2	en dag	dag**e**	
			+ e [ə]
3	et år	år	
			÷

---

[2] Lad kursisterne finde flertalsformen i ordbogen. Snak om forskellen mellem de 3 grupper, inden de udfylder skemaet. Alternativt kan man lave opgaven som en lytteøvelse, hvor kursisterne skal lytte sig frem til flertalsformen af ordene og skrive dem det rigtige sted i skemaet.

- Spørg hinanden om ting i klassen.

✚ SPROGHJÆLP

A: Hvor ˈmange [maŋŋ] (ˈhæfter) ˈer der?   B: Der er [dɑɑ] (ˈto ˈhæfter).

SUBSTANTIVER OG POSSESSIVE PRONOMINER

Arbejd videre med *substantiver og possessive pronominer* på nettet.

OPGAVE 3   Sproghandlinger: Match sætningerne[3] ◁))

Selv tak.	Ja, selvfølgelig.	Om fem minutter.
Ja, det er i orden. God arbejdslyst.		Ja, det må du godt. Værsgo.

Dialog 1

A: Det forstår jeg ikke. Vil du sige det igen?

B: _____

Dialog 2

A: Tak for lån.

B: _____

Dialog 3

A: Hvornår har vi pause?

B: _____

Dialog 4

A: Må jeg låne din ordbog?

B: _____

Dialog 5

A: Må jeg gå nu? Jeg skal på arbejde.

B: _____

UDTALE   Lyt og gentag klokken ◁))

ˈHvad er [vaa] ˈklokken?

Den er ˈto.

Den er ˈkvart i ˈto.

Den er ˈkvart ˈover ˈto.

Den er ˈhalv ˈto.

Den er ˈfem miˈnutter i ˈto.

Den er ˈfem miˈnutter ˈover ˈto.

Den er ˈfem miˈnutter i ˈhalv ˈto.

Den er ˈfem miˈnutter over ˈhalv ˈto.

---

[3] Se note side 13.

OPGAVE 4 Spørg om klokken

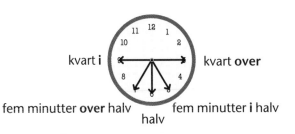

kvart i — kvart over

fem minutter **over** halv — fem minutter **i** halv
halv

- Pararbejde: Spørg hinanden om klokken.

➕ SPROGHJÆLP

A: 'Hvad er **[vaa]** 'klokken på nummer ('1)?   B: Den er ('halv 'et).

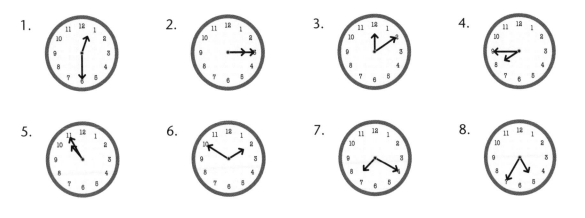

1.   2.   3.   4.

5.   6.   7.   8.

OPGAVE 5   Informationskløft: Tegn klokken på ure[4]

- Pararbejde: Spørg hinanden, og tegn klokken på urene.

UDTALE Lyt og gentag endelsen -en 🔊	
Hvad er klokken?	Den er syv om morgen**en**
Hvad er klokken?	Den er elleve om formiddag**en**
Hvad er klokken?	Den er tolv midt på dag**en**
Hvad er klokken?	Den er fire om eftermiddag**en**
Hvad er klokken?	Den er ti om aften**en**
Hvad er klokken?	Den er tre om natt**en**

OBS TIDSUDTRYK	
om morgenen	05-10
om formiddagen	10-12
midt på dagen	12-14
om eftermiddagen	14-18
om aftenen	18-24
om natten	24-05

OPGAVE 6   Klokkendiktat: Lyt og skriv digitale tal 🔊

1. _____   2. _____   3. _____

4. _____   5. _____   6. _____

7. _____   8. _____   9. _____

10. _____   11. _____   12. _____

OBS
Klokken er kvart
over tre om natten = 03.15
Klokken er kvart over tre
om eftermiddagen = 15.15

🌐 KLOKKEN

Arbejd videre med *klokken* på nettet.

---

[4] Kopier A- og B-opgaverne i lærervejledningen. Placer kursisterne parvis, gerne overfor hinanden. A får et papir med 8 ure, hvor 4 ure er tomme, det samme gør B. Kursisterne skal spørge hinanden, hvad klokken er på de tomme ure og tegne klokken. De må ikke se hinandens papirer – først når de er færdige og tjekker svarene. Gør kursisterne opmærksomme på, at det er en øvelse i at forstå hinanden og træne mundtlig kommunikation.

OPGAVE 7 — Matching: Hvilke billeder passer til ordene i boksen?[5] 🔊

læser _____	køber ind _____	vasker op _____
går i seng _____	laver mad _____	vasker tøj _____
børster tænder _____	går i bad _____	gør rent _____
bruger computer _____	står op _____	ser fjernsyn _____

• Spørg hinanden.

✚ SPROGHJÆLP

A: Hvad 'laver ('manden / 'kvinden) på billede ('1)?   B: (Han / hun) …

(www) GØREMÅL

Arbejd videre med **_gøremål_** på nettet. Hvilke 8 nye gøremål er der? Skriv dem her:

_____

_____

[5] Når kursisterne har matchet ord og billeder, kan de lytte og sætte tryk. Derefter læses ordene højt to og to. Til sidst kan de lægge et stykke papir over gloserne i boksen og spørge hinanden, hvad personerne laver. Næste kursusgang (når kursisterne har arbejdet med gøremål på nettet) kan man hente billederne fra nettet og repetere ved hjælp af dem.

OPGAVE 8   Holdundersøgelse: Hvornår gør du hvad?

- Skriv i skemaet, hvornår du:

– går i bad	– køber ind	– bruger computer
– gør rent	– laver mad	– læser
– ser fjernsyn	– laver hjemmearbejde	– børster tænder

om morgenen	om formiddagen	om eftermiddagen	om aftenen

- Fortæl om dit skema til holdet.[6]

SPROGHJÆLP

Jeg (*går i 'bad*) **om 'morgenen**. / **Om 'morgenen** (*går jeg i 'bad*).
  S   V   Tids-adv.   Tids-adv.   V S

- Lyt, og sæt kryds, når de andre fortæller, så du kan svare på spørgsmålene.

1. Hvor mange på holdet går i bad om morgenen?
2. Hvor mange ser fjernsyn om morgenen?
3. Hvor mange bruger computer om formiddagen?
4. Hvor mange køber ind om eftermiddagen?
5. Hvor mange læser om aftenen?
6. Hvor mange laver hjemmearbejde om aftenen?

[6] Inden kursisterne fortæller om deres skema, er det vigtigt, at spørgsmålene gennemgås, så alle forstår, hvad de skal lytte efter. Stop evt. efter første fremlæggelse og spørg, hvor kursisterne har sat kryds, så man sikrer sig, at alle er med.

OPGAVE 9   **Match substantiverne med verberne**

mad	ordbog	film	radio	computer	hjemmearbejde
tænder	fjernsyn	musik	børn	venner	hår
post	familien	avis	tur	på arbejde	bøger

(ser) ———— (henter) ———— (besøger) ————

(børster) ———— (bruger) ———— (går) ————

(hører) ———— (læser) ———— (laver) ————

• Skriv sætninger med alle udtrykkene hjemme.

(WWW) FASTE UDTRYK

Arbejd videre med *faste udtryk* på nettet.

UDTALE   Vokaler 🔊

• Repetér *vokalskemaet* side 118.
• Lyt, og skriv vokalen i ordet.

1. t___r   2. g___r   3. g___r

4. st___   5. s___r   6. h___r

7. h___r   8. b___rn   9. b___rn

10. f___lm   11. ___rd   12. t___

13. t___   14. t___   15. s___v

16. l___s

(WWW) VOKALER

Arbejd videre med *vokaler* på nettet.

Lanis liv i Danmark

Jeg kommer fra Filippinerne og arbejder som au pair i Danmark. Jeg bor hos en dansk familie i Holte. Familien har 3 børn. Klokken 5.30 står jeg op. Så laver jeg morgenmad til hele familien. Bagefter spiser vi morgenmad sammen. Klokken 8 cykler jeg i skole. Jeg går til dansk på et sprogcenter.

Jeg møder i skole klokken 8.30. Klokken 12 har jeg fri. På mit hold er der 12 kursister fra hele verden. Der er også en pige fra Filippinerne. Hun hedder Maria, og vi snakker tit sammen.

På sprogcentret er der en kantine og et studieværksted. I kantinen drikker vi altid kaffe i pausen. I studieværkstedet er der computere, bøger og en lærer, som hjælper med hjemmearbejde i en time. Derfor sidder jeg tit i studieværkstedet og laver hjemmearbejde, inden jeg tager hjem.

Hjemme spiser jeg frokost og gør rent og vasker tøj. Om eftermiddagen køber jeg ind. På vej hjem henter jeg børnene. Derefter laver jeg aftensmad, og klokken 18 spiser vi. Efter aftensmaden rydder jeg op og ser fjernsyn. Måske taler jeg på Skype med min familie og mine venner. Klokken 22.30 går jeg i seng.

1. Hvor kommer Lani fra?

2. Hvor bor hun?

3. Hvor mange børn har familien?

4. Hvordan kommer hun i skole?

5. Hvornår møder hun i skole?

6. Spiser hun frokost hjemme?

7. Hvem henter hun på vej hjem?

8. Taler hun med sin familie om morgenen?

• Lav selv fire spørgsmål til teksten, og spørg hinanden på holdet.

OPGAVE 11   Grammatik: Inversion = VS-ordstilling

- Læs om **inversion** side 116[7].
- Understreg de steder i teksten *Lanis liv i Danmark*, hvor der er inversion.
- Skriv det led sætningen begynder med under den rigtige kategori.

  Fx: Klokken 5.30 står jeg op.

　　　　　　　V　S

1. Tids-adverbialer	2. Steds-adverbialer	3. Andre adverbialer
Klokken 5.30		

- Pararbejde: Placer udtrykkene nedenfor kronologisk på tidslinjen.

Lanis hverdag

køber ind	henter børn	går i seng
spiser morgenmad	står op	ser fjernsyn
laver morgenmad	har fri	laver aftensmad
cykler i skole	rydder op	spiser aftensmad

- Fortæl om Lanis hverdag til hinanden. Brug alle tidsadverbialerne i skemaet ovenfor.

SPROGHJÆLP

'Lani står 'op klokken '5.'30. '**Så** laver hun 'morgenmad, og '**bagefter** 'spiser de …

　S　V　　　　　　　　　　　　　　　　　V　S　　　　　　　　　　　　　V　S

- Fortæl om din hverdag: Hvad tid står du op? Hvad gør du så? Brug tidsadverbialer + inversion.
- Skriv en tekst om din hverdag. Brug tidsadverbialer + inversion.

---

[7] Snak først om, hvad inversion er, og hvornår vi har inversion.

OPGAVE 12   Lytteforståelse: Familien Kuhns aften 🔊 🗐

- Familien Kuhn består af forældrene Jan og Lone og deres to børn, Ida på 6 og Noah på 4 år. Det er mandag aften. Hvem gør hvad? Lyt, og sæt kryds i skemaet.

	Jan	Lone	Ida	Noah
laver mad				
ser tegnefilm i fjernsynet				
spiser aftensmad				
går i bad				
børster børnenes tænder				
kysser godnat				
læser godnathistorie				
sover hurtigt				
hører et eventyr				
læser avisen				
laver te				
ser en god film				
tjekker mails				
går i seng klokken 23				

- Pararbejde: Hvem gør hvad? Sig sætninger om personerne.
- Lyt igen, og skriv nøgleord ud for tidsudtrykkene i boksen. Hvad gør personerne hvornår?

Klokken 18:	Efter aftensmaden:	Efter badet:
spiser aftensmad		
Fra kl. 19.30-20:	Klokken 20:	Resten af aftenen:
Inden Lone går i seng:	Klokken 23:	

- Pararbejde: Sig sætninger med tidsudtrykkene i boksen side 31. Brug inversion.

  Fx Klokken 18 spiser familien aftensmad.

　　　　　　 v 　　　s

- Skriv en tekst om familien Kuhns aften.[8]
- Få teksten *Familien Kuhns aften* af din lærer. Læs, og tjek: Har I alle informationer med i jeres tekst?

- Spørg hinanden: Hvem gør hvad hjemme hos dig? Hvem laver mad / køber ind / gør rent osv.?

✚ SPROGHJÆLP

A: 'Hvem (*laver* '*mad*) 'hjemme hos 'dig?

B: Det 'gør ('*jeg* / *min* '*mand* / '*kone* / '*kæreste*).

INVERSION

Arbejd videre med *inversion* på nettet.

UDTALE　Lyt og gentag ugedage　◁))

Det er [**dee**] mandag.
Det er [**dee**] tirsdag.
Det er [**dee**] onsdag. ⎫ hverdage
Det er [**dee**] torsdag.
Det er [**dee**] fredag.
Det er [**dee**] lørdag. ⎫ weekend
Det er [**dee**] søndag.

- Spørg hinanden. Brug tidsudtrykkene.

✚ SPROGHJÆLP

A: Hvad 'dag 'er det (*i* '*dag*)?　B: Det **er** …

A: Hvad 'dag 'var det (*i* '*går*)?　B: Det **var** …

OBS TIDSUDTRYK

nutid

i dag → i morgen → i overmorgen

datid

i går → i forgårs

- Spørg hinanden to og to: Hvilke(n) dag(e) gør du hvad?
  Fx går i skole / går på arbejde / dyrker sport / har fri osv.

---

[8]　Teksten kan kursisterne evt. skrive sammen i små grupper som en dictogloss.

OPGAVE 13   Grammatik: Indsæt verberne i teksten 🔊

VERBER

INFINITIV + **e**	NUTID + (**e**)**r**	
at hør**e**	hør**er** →	Jeg / du / han/hun / vi / I / de hør**er**
at brug**e**	brug**er** →	Jeg / du / han/hun / vi / I / de brug**er**
at gå	gå**r** →	Jeg / du / han/hun / vi / I / de gå**r**

at sidde	at drikke	at stå	at høre	at spise	at arbejde
at hedde	at bo	at lave	at se	at tage	at snakke

Michaels hverdag

Jeg _____ Michael Madsen. Jeg er journalist og _____ alene i Odense.

Jeg _____ tidligt op, ved seks-tiden, og klokken kvart i syv går jeg på arbejde.

Jeg _____ ikke morgenmad men _____ kaffe på mit kontor.

Klokken tolv har jeg en times frokostpause. Normalt _____ jeg nede i kantinen

og _____ med mine kollegaer.

Jeg _____ tit til klokken seks. Så _____ jeg hjem og _____ aftensmad til

mig selv. Bagefter _____ jeg fjernsyn. Inden jeg går i seng, _____ jeg altid musik.

Det er dejligt, når man skal sove.

- Lyt, og tjek.
- Skriv spørgsmålene.

1. Hvad _____? Madsen.

2. Hvor _____? I Odense.

3. Hvad tid _____? Ved seks-tiden.

4. Hvad _____? Kaffe.

5. Hvornår _____? Klokken tolv.

6. Hvor _____? I kantinen.

7. Hvem _____? Sine kollegaer.

8. Hvad _____? Musik.

OPGAVE 14 Grammatik: Sorter verberne i de 3 grupper

lavede	spiste	talte	stod	gik
hentede	tog	købte	cyklede	

- Læs om **verbernes bøjning** side 115. Få en **verbumliste** af din lærer[9].
- Bøj de 9 verber i skemaet.

	Infinitiv (navnemåde)	Præsens (nutid)	Præteritum (datid)
GRUPPE 1 + **-ede** i datid	at lave	laver	lavede
GRUPPE 2 + **-te** i datid			
GRUPPE 3 uregelmæssige			

- Understreg alle verberne i teksten *Lanis liv i Danmark* (se side 29).
- Få et **verbumskema** af din lærer, og bøj alle verberne fra teksten om Lani[10].
- Hvad lavede du i går? Stil hinanden ja/nej-spørgsmål om gøremålene side 26, fx. Købte du ind i går? osv.
- Tegn din personlige tidslinje med 3-5 ting, du lavede i weekenden.

Min weekend

- Fortæl om jeres tidslinje i små grupper. Brug datid + evt. inversion.

🌐 VERBER
Arbejd videre med *verber og datid* på nettet.
Skriv teksten *Tinas morgen* (fra nettet) i datid, og aflever den til din lærer.

---

[9] **Verbumlisten** findes i lærervejledningen til kopiering til kursisterne.
[10] **Verbumskemaet** findes i lærervejledningen til kopiering. Hensigten er, at kursisterne hjemme skal øve sig på at bøje verberne. Næste undervisningsgang kan kursisterne gå rundt og bede hinanden om at bøje verber i skemaet. Der sættes et kryds, når verbet er bøjet rigtigt (uden at kigge!). Fortsæt evt. til alle verber har fået to krydser.

REPETITION

BILLEDSERIE PÅ NETTET

Arbejd med *billedserien* på nettet.

Hvem gør hvad i familien? Skriv gøremålene.

Lene:

Peter:

Sofie:

Kamilla:

QUIZ & BYT ©11

MATCHING 12

TEST 2 13

Lav *testen* på nettet.

EMNE TIL MODULTEST 14

Min hverdag

Fortæl om din hverdag her i Danmark.

Hvad laver du om morgenen / om formiddagen?

Hvad laver du om eftermiddagen / om aftenen?

Hvad laver du i weekenden?

---

11 **Quiz & byt**: se note 12 side 21.

12 **Matching**: Kortene i lærervejledningen kopieres og klippes ud. Pararbejde: Hvert par får en bunke ordkort, som passer sammen to og to. Kortene skal lægges på bordet, så de passer sammen. Det hurtigste par har vundet. Giv eventuelt eksemplet *børste – hår*.

13 **Test**: se note 13 side 21.

14 Kursisterne skal forberede et oplæg på 1-2 minutter, som de skal fremlægge på holdet eller i mindre grupper som forberedelse til modultesten.

3 FAMILIE

Familierelationer

Familieliv i Danmark

Udtale: vokaler / R / reduktion

Grammatik: substantiver (flertal) / pronominer / tror / verber (tider) / spørgsmål

OPGAVE 1   Kategorisering: Skriv ordene under den rigtige kategori

en mor	en far	en datter	en søn	forældre
bedsteforældre	en farfar	en morfar	en farmor	en mormor
et barnebarn	en fætter	en kusine	en moster	en onkel
en faster	en nevø	en niece	svigerforældre	børn

HUNKØN ♀	HANKØN ♂	BEGGE KØN
en søster	en bror	søskende

36

UDTALE Vokaler 🔊

- Lyt, og skriv de vokaler, der mangler.

1. f ___ tter	5. sv ___ germ ___ r	9. s ___ n	13. n ___ v ___
2. k ___ s ___ ne	6. st ___ rebr ___ r	10. f ___ ster	14. n ___ ece
3. f ___ r ___ ldre	7. l ___ lles ___ ster	11. ___ ldef ___ r	15. m ___ nd
4. b ___ rn	8. d ___ tter	12. b ___ rneb ___ rn	16. k ___ ne

OPGAVE 2   Lytteforståelse: Familierelationer 🔊 📄

- Se på billederne side 38. Hvordan er personerne i familie med hinanden, tror du?
  Der er to udtryk, du ikke skal bruge.

far, mor, søn og datter 1	søstre ___	svigerfar og svigersøn ___	brødre ___
et ægtepar ___	et kærestepar ___	onkel og nevøer ___	
svigermor og svigerdatter ___	moster og niecer ___	bedsteforældre og børnebørn ___	

- Lyt, og tjek jeres svar.
- Snak om billederne.

➕ SPROGHJÆLP

A: Hvem er (Kelly)?
B: Det er (Ozzys datter).

OBS GENITIV

Ozzy + s = Ozzys
Kelly + s = Kellys

- Lyt igen, og skriv nøgleord[1].

1. Jack, Sharon, Kelly og Ozzy Osbourne: _____

_____

2. Michael Laudrup og Brian Laudrup: _____

_____

3. Leo og Sussi Nielsen: _____

_____

4. Angelina Jolie og Jane Pitt: _____

_____

- Lav gruppequizzen[2].

---

[1] Efter kursisterne har lyttet og skrevet noter, anbefales flg. gruppearbejde: en kursist fortæller om personerne på billede 1 på baggrund af sine noter. De andre i gruppen supplerer efter tur, så alle får skrevet de samme noter. Den næste kursist fortæller om personerne på billede 2, de andre supplerer efter tur osv., indtil alle i gruppen har de samme noter.

[2] Stil spørgsmålene fra spørgearket i lærervejledningen. Grupperne diskuterer, og bliver enige om et svar, som de noterer på et stykke papir. Indsaml besvarelserne, eller ret dem i fællesskab på holdet, og giv fx 1 point for hvert rigtigt svar. Formålet med opgaven er at lytte, forstå og diskutere, hvilket er grunden til, at spørgearket ikke udleveres.

1 Jack, Sharon, Kelly og Ozzy Osbourne

2 Michael Laudrup og Brian Laudrup

3 Leo Nielsen og Sussi Nielsen

4 Angelina Jolie og Jane Pitt

5 Niels Bohr og Margrethe Bohr

6 Anders And og Rip, Rap og Rup

7 Andersine og Kylle, Pylle og Rylle

8 Selena Gomez og Justin Bieber

OPGAVE 3   Spørg om stamtræet

- Find Johan, og skriv under billederne, hvordan personerne er i familie med Johan.
- Spørg om Johans familie.

Johans stamtræ

Bente Åby	Kaj Åby	Katrine Larsen	Herman Larsen

Anne Åby   Carsten Larsen

Lotte Åby Larsen   Ken Åby Larsen   Johan Åby Larsen   Signe Høst

Jonas Høst Larsen   Selma Høst Larsen

datter

ⓦ ORDFORRÅD

Arbejd videre med *Ordforråd* på nettet. Skriv hjemme en tekst om Jimmie, som du afleverer til din lærer.

OPGAVE 4 — Grammatik: Bøj substantiver i flertal[3] 🔊

en kone	en mand	en bror	en mor	et ægtepar	en kæreste
en søn	en datter	en nevø	en kusine	et barn	et navn

	ENTAL (singularis)	FLERTAL (pluralis)	FLERTALS-ENDELSE
1	en familie	familie**r**	
			+ r
			+ er [ɔ]
2			**+ e** [ə]
3			**÷**
4			
			ny vokal

OPGAVE 5 — Informationskløft: Udfyld et stamtræ[4]

- Pararbejde: Spørg hinanden om de informationer, der mangler i Mias stamtræ.

---

[3] Lad enten kursisterne finde flertalsformen af ordene i ordbogen, eller lav opgaven som en lytteøvelse, hvor de skal lytte sig frem til flertalsformen. Snak først om forskellen på de 4 grupper (se evt. side 114).

[4] Kopier kopiarkene i lærervejledningen. Placer kursisterne parvis, gerne over for hinanden. A får et stamtræ, hvor der mangler 6 informationer, som B har, det samme gør B. Kursisterne skal skrive spørgsmål til hinanden, så de kan udveksle informationer. Tjek og ret spørgsmålene, før kursisterne begynder at spørge hinanden. Kursisterne må ikke se hinandens papirer – først når de er færdige og tjekker svarene. Gør kursisterne opmærksomme på, at det er en øvelse i at forstå hinanden og træne mundtlig kommunikation.

OPGAVE 6   Quiz om kongefamilien: Gæt og sæt kryds

	Rigtigt	Forkert
1. Danmarks dronning hedder Margrethe I.	◯	◯
2. Margrethes mand Henrik er konge.	◯	◯
3. Margrethe og Henrik har to sønner.	◯	◯
4. Frederik og Mary har 3 børn.	◯	◯
5. Frederik skal være konge.	◯	◯
6. Joachims kone kommer fra Portugal.	◯	◯
7. Joachim har en ekskone.	◯	◯
8. Joachim har 2 børn.	◯	◯
9. Margrethe og Henrik bor på Christiansborg.	◯	◯
10. Frederik og Mary har 5 badeværelser.	◯	◯

- Lav ja/nej-spørgsmål , og spørg hinanden to og to.

✚ SPROGHJÆLP

A: Hedder Danmarks dronning Margrethe den første?

B: Ja, det **tror** jeg. / Nej, det **tror** jeg ikke. Jeg **tror**, hun hedder …

OBS: Brug kun **tror**, hvis du ikke er sikker på svaret.

- Læs teksten på næste side, og tjek jeres svar.

Læseforståelse: Den danske kongefamilie[5] ◁))

Den danske kongefamilie

Danmark er et monarki. Danmarks dronning hedder Margrethe II (den anden). Hun er gift med Prins Henrik, som kommer fra Frankrig. Prins Henrik elsker vin, og han har et vinslot i Frankrig. Margrethes hobbyer er at tegne og male. Hun elsker også arkæologi.

Margrethe og Henrik har to sønner, Frederik og Joachim. Frederik er den ældste, så han er kronprins. En dag skal han være konge. Frederik er født i 1968 og er kun et år ældre end lillebroren Joachim.

Frederik er gift med Kronprinsesse Mary, som kommer fra Australien. Mary og Frederik mødte hinanden i 2000 ved de Olympiske Lege i Sydney. Mary og Frederik blev gift i 2004, og de har fire børn sammen: Christian, Isabella og tvillingerne Vincent og Josephine.

Frederiks lillebror Joachim er også far til fire børn. Han har været gift to gange. Først var han gift med Alexandra, som kommer fra Hong Kong. Sammen har de to sønner, Nikolai og Felix. Joachim og Alexandra blev skilt i 2005.

I 2008 blev Joachim gift med Marie. Marie kommer fra Frankrig. Sammen har de to børn, sønnen Henrik og datteren Athena. Joachim og Marie bor på Schackenborg Slot i Møgeltønder i Sønderjylland.

Margrethe og Henrik bor på Amalienborg Slot. Mary og Frederik bor også på Amalienborg, men ikke i samme hus. Frederik og Mary har deres eget hus – et palæ. Det er på 4.500 kvadratmeter og har bl.a. 20 badeværelser.

- Skriv 10 spørgsmål om teksten.
- Spørg hinanden på holdet eller to og to.

OBS

De er gift → mand / kone
De er skilt → eksmand / ekskone
De er kærester / de bor sammen → kæreste / kæreste

[5] Her kan man med fordel bruge *rollelæsning*. Kursisterne arbejder i grupper på 3, hvor de gennemgår tekstens 6 afsnit på flg. måde: A læser et afsnit af teksten højt. B stiller 2 spørgsmål om indholdet i afsnittet, som gruppen skal svare på. C opsummerer indholdet i afsnittet. Ved næste afsnit bytter de roller, så A bliver B, B bliver C osv.

UDTALE Lyt og gentag **R** 🔊

[**r**] : stamt**r**æ   b**r**ød**r**e   døt**r**e   Aust**r**alien   d**r**onning   p**r**ins   kvad**r**atmeter

[**ɹ**] : mo**r**   ge**r**ne   bo**r**g   Danma**r**k   mona**r**ki   bo**r**   væ**r**else

- Læs om **R** side 119.
- Hvilket R hører du? Lyt, og sæt kryds.

R

Arbejd videre med *R* på nettet.

	[**r**]	[**ɹ**]
1. foræld**r**e		
2. bro**r**		
3. b**r**or		
4. sto**r**ebror		
5. bø**r**n		
6. fæd**r**e		
7. fæt**r**e		
8. kæ**r**este		
9. **r**elation		
10. søst**r**e		

OPGAVE 8   Grammatik: Possessive pronominer

- Skriv de pronominer, der mangler i skemaet. Hvornår bruges n-form, hvornår bruges t-form og hvornår bruges e-form?

n-form	Ental	t-form		Flertal e-form
min (søn)		(barn)	**mine**	(sønner/børn)
(søn)	**dit**	(barn)		(sønner/børn)
hans (søn)	**hans**	(barn)		(sønner/børn)
(søn)	**hendes**	(barn)	**hendes**	(sønner/børn)
sin (søn)		(barn)		(sønner/børn)
vores (søn)	**vores**	(barn)		(sønner/børn)
(søn)	**jeres**	(barn)	**jeres**	(sønner/børn)
deres (søn)		(barn)	**deres**	(sønner/børn)

- Se **possessive pronominer** side 113.

hans	hendes	min	mit	mine	din	dit	dine

- Indsæt possessive pronominer i sætningerne.

1. Lena og _____ mand flytter til USA.

2. Jeg besøger _____ søn i London.

3. Jeg skal passe _____ børnebørn.

4. Jeg skal passe _____ barnebarn.

5. Hvor tit besøger du _____ familie?

6. Tom og _____ forældre holder ferie.

7. Besøger du tit _____ venner?

8. Hvornår henter du _____ barn?

OPGAVE 9   **Dialog: Indsæt pronominer** ◁))

To venner, Kamal og Helene, snakker sammen.

Kamal: Hvordan går det med _____ søster Sidse?

Helene: Det går godt. _____ er lige blevet gift. For anden gang!

Kamal: Hvem er _____ nye mand?

Helene: _____ hedder Niels og er også skilt. _____ har to piger.

_____ er tre et halvt og halvandet år.

Kamal: Nå, så har _____ fire børn tilsammen.

Helene: Ja, det er en stor børneflok. Hvordan har _____ bror det?

Kamal: Adam? _____ har det ikke så godt.

Helene: Hvorfor ikke?

Kamal: _____ kone er lige flyttet med _____ to børn.

Helene: Skal _____ skilles?

Kamal: Ja. De skal også sælge _____ hus.

Helene: Nå, hvor trist. Hils ham.

Kamal: Ja, og hils Sidse!

- Læs dialogen to og to.
- Lyt til dialogen, og tjek jeres ord.
- Skriv 5 hv-spørgsmål og 5 ja/nej-spørgsmål om Helene og Kamal.

OBS

et halvt år = 6 måneder
halvandet år = 1 ½ år
to et halvt år = 2 ½ år

_____

Hun er flyttet med sine børn:
sine → dvs. kun konens, ikke Adams
Hun er flyttet med deres børn:
deres → dvs. både Adams og konens

(www) **PRONOMINER**
Arbejd videre med *Pronominer* på nettet.

UDTALE   Reduktion ◁))

- Lyt, og streg de bogstaver ud, du ikke kan høre, fx s k a/

1. h v o r d a n	2. d e t	3. m e d	4. g o d t	5. l i g e
6. a n d e n	7. h v e m	8. o g s å	9. h e n d e s	10. i k k e

- Lyt, og streg de bogstaver ud, du ikke kan høre.

1. Det går godt.

2. Hun er lige blevet gift.

3. Hvem er hendes nye mand?

4. Han har en pige på et halvt år.

5. Han har det ikke så godt.

6. Han skal også skilles.

44

OPGAVE 10   Interview og holdundersøgelse

- Pararbejde: Interview hinanden, og udfyld skemaet.[6]

SPØRGESKEMA

Navn

Søskende / antal søskende

Søskendes bopæl

Forældres bopæl

Gift / ugift

Mands / kones / kærestes nationalitet

Børn / antal børn

Børns alder

- Fortæl om din interviewperson. Brug pronominer, og brug sproghjælpen.

✚ SPROGHJÆLP

Jeg hedder (*Daniel / Maria*). →	**Han / hun** hedder…
Jeg har (*ingen / 2 søskende*). →	**Han / hun** har…
Min (*søster / bror*) bor (*i Kina*). →	**Hans / hendes** (*søster / bror*) bor…
Mine (*søstre / brødre*) bor (*i USA*). →	**Hans / hendes** (*søstre / brødre*) bor…
Mine forældre bor (*i Peru*). →	**Hans / hendes** forældre bor…
Jeg er (*ikke*) gift. →	**Han / hun** er (*ikke*) gift.
Min (*kone / mand / kæreste*) er (*polak*). →	**Hans / hendes** (*kone / mand / kæreste*) er…
Vi har (*et barn / to børn / ingen børn*). →	**De** har…
Han / hun / de er (*7 måneder*). →	**Hans / hendes** (*barn / børn*) er…

- Lyt, og sæt kryds i skemaet for alle på holdet.

HOLDUNDERSØGELSE

Er enebarn	Har forældre i hjemlandet
Har en søster / bror	Er single
Har 2 søskende	Er gift med en dansker
Har over 2 søskende	Har børn
Har søskende i andre lande end hjemlandet	Har børn over 2 år

- Snak om skemaet på holdet.

---

[6] Det anbefales, at kursisterne først skriver spørgsmål til spørgeskemaet på et stykke papir, og at man derpå gennemgår dem sammen på holdet (skriv dem evt. på tavlen), så der er fokus på korrekthed. Når de har interviewet hinanden og udfyldt skemaet med den andens oplysninger, skal de fortælle om hinanden til resten af holdet. Men gennemgå først skemaet til holdundersøgelsen så kursisterne ved, hvilke informationer de især skal lytte efter.

OPGAVE 11 Dictogloss[7] 🔊

- Lyt til Leas fortælling.
- Lyt igen, og skriv nøgleord her i bogen. Snak sammen tre og tre om jeres nøgleord.

Nøgleord

- Lyt igen, og tjek jeres nøgleord.
- Arbejd sammen tre og tre, og skriv en tekst om Lea.

OBS

Diktat:	**Dictogloss:**
Skriv det du hører.	Genfortæl det du hører.

Fokus på:	Fokus på:
– at lytte	– at lytte
– at stave	– at forstå
	– at skrive nøgleord
	– at tale (samarbejde)
	– at skrive (grammatik)
	– at stave

OPGAVE 12 Skriveopgave: Skriv om din familie

- Skriv om din familie:

Er din familie stor eller lille?

Hvor mange søskende har du? Hvor bor de? Er de gift? Har de børn?

Lever dine forældre? Hvor gamle er de? Hvor bor dine forældre?

Hvor tit ser / snakker du med din familie?

Er du gift? Har du en kæreste? Har du børn?

Har du familie / svigerfamilie i Danmark?

---

[7] I modsætning til diktat er dictoglossen en kommunikativ opgavetype, hvor alle fire færdigheder er integreret. Kursisterne arbejder sammen parvis el. i små grupper om at rekonstruere teksten på baggrund af deres stikord. Det vigtigste indhold skal gengives, og sproget skal være korrekt, men de skal ikke skrive præcis det samme, som de hører.
Hver gruppe vælger en sekretær, der har ansvaret for at skrive de sætninger ned, som gruppen konstruerer i fællesskab. Understreg, at det er et gruppearbejde, hvor hver gruppe afleverer én tekst. Teksterne kan man derefter læse sammen på holdet.

- De seks personer på billederne er gift eller kærester med hinanden. Snak sammen to og to:
  Hvem er sammen med hvem, tror I?

Martin, sælger

Anna, læge

Marcus, biolog

Inez, tjener

Lasse, lærer

Helga, revisor

- Lyt til personerne, og skriv nøgleord, så du kan svare på spørgsmålene:
  Hvem er sammen med hvem? Hvor kommer de fra? Hvordan / hvor mødte de hinanden?
  Hvor længe har de været sammen?

Par nr. 1: _____

Par nr. 2: _____

Par nr. 3: _____

• Pararbejde: Fortæl hinanden om parrene. Sig en sætning hver.

✚ SPROGHJÆLP

(*Martin*) er (*gift / kæreste*) med ...
(*Han / hun*) kommer fra ...
De mødte hinanden (*til en fest / i Spanien*).
De har været (*gift / kærester*) i (*5 år*).

OBS

Datid = afsluttet periode
De var gift i 5 år (nu er de skilt).

Før nutid = ikke afsluttet periode
De har været gift i 5 år (de er
stadig gift).

OPGAVE 14   Grammatik: Verber i datid[8]   🔊 📄

at danse	at møde	at se	at blive	at rejse	at gå	at invitere	at studere
at flytte	at kysse	at være	at tale	at komme	at få	at arbejde	at ringe

• Sorter verberne i de tre grupper, og skriv dem i datid.

GRUPPE 1: *dansede,*

GRUPPE 2: *mødte,*

GRUPPE 3: *så,*

• Få teksterne om de tre par (fra opgave 13) af jeres lærer. Indsæt verberne ovenfor i teksterne.
• Lyt, og tjek jeres svar.
• Bøj de 6 uregelmæssige verber (fra boksen ovenfor) i skemaet.

Uregelmæssige verber – gruppe 3

Infinitiv (navnemåde)	Præsens (nutid)	Præteritum (datid)	Perfektum (førnutid)

• Skriv sætninger i datid med de 6 verber.

WWW Arbejd videre med *Datid* på nettet.

[8] Hvis ikke kursisterne har fået **verbumlisten** (se opg. 14 s. 34), udleveres den nu. Forklar at det er en pointe, at listen er
inddelt i de 3 grupper, så det er nemmere at huske, hvilken gruppe et verbum tilhører.

OPGAVE 15 Diktat 🔊

- Lyt til teksten, og skriv en diktat.

OPGAVE 16 Quiz om Familieliv i Danmark 🔊

- Pararbejde: Hvordan er det i Danmark? Hvad tror I? Sæt kryds.

1. Hvor mange børn fik hver kvinde i gennemsnit omkring år 1900?

   ca. 2 børn   ca. 4 børn   ca. 6 børn

2. Hvor mange børn får kvinder i gennemsnit i dag?

   ca. 1 barn   ca. 2 børn   ca. 3 børn

3. Hvor gamle er kvinder i dag, når de får deres første barn?

   ca. 23 år   ca. 26 år   ca. 29 år

4. Hvor mange procent over 25 år er gift?

   53 %   64 %   78 %

5. Hvor mange bor alene?

   ca. 200.000   ca. 500.000   ca. 1 mio.

6. Hvor gamle er kvinder, når de bliver gift første gang?

   24 år   28 år   32 år

7. Hvor gamle er mænd, når de bliver gift første gang?

   26 år   30 år   34 år

8. Hvor mange ægteskaber ender med en skilsmisse?

   ca. 20 %   ca. 40 %   ca. 60 %

- Pararbejde: Fortæl hinanden, hvad I tror.

✚ SPROGHJÆLP

A: Jeg tror ...
B: Det tror jeg også / ikke.

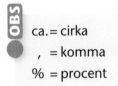

OBS
ca. = cirka
, = komma
% = procent

- Læs teksten side 50, og tjek jeres svar.

Familieliv i Danmark

Omkring år 1900 fik hver kvinde i Danmark i gennemsnit ca. 4 børn. Danske kvinder får ikke så mange børn mere. I dag får hver kvinde i gennemsnit 1,9 børn.

Før i tiden var danske kvinder ikke så gamle, når de fik børn. I 1966 var kvinder i gennemsnit 22,7 år, når de fik deres første barn. I dag er kvinder 28,9 år, når de får deres første barn. Mange får børn uden at være gift.

Før i tiden var de fleste gift, men i dag er kun 53 % af alle danskere over 25 år gift. I Danmark bor mange sammen med deres kæreste, og mange får børn sammen uden at være gift. Men der er også mange, som bor alene, faktisk bor ca. 1 million alene, og det svarer til hver 5. dansker.

Før blev de fleste gift tidligt. I dag bliver mange danskere gift sent. Kvinder er i gennemsnit 32 år, når de bliver gift første gang, og mænd er 34 år.

Lidt over 40 % af alle ægteskaber ender med skilsmisse. Men mange gifter sig igen og får en ny familie med mine, dine og vores børn. Partnerens børn kalder man papbørn eller bonusbørn.

Kilde: Danmarks Statistik m.fl.

OPGAVE 17   Spørg om billedet

- Pararbejde: Lav spørgsmål og svar om familien Bauer på billedet. Lav både hv-spørgsmål og ja/nej-spørgsmål. Brug informationerne i boksene.

Carl Bauer
3 søskende
datalog
østriger
dansk og tysk
36 år
Gift m. Hanna
Mødte Hanna
i 2001
Flyttede til Måløv
i 2011

Hanna Bauer
enebarn
designer
dansker
35 år
Gift m. Carl
Boede i Østrig
fra 2002-2011
Bor nu i Måløv

Louise	Olivia	Carlo
4 år	2 år	½ år

SPØRGSMÅL
Arbejd videre med *spørgsmål* på nettet.

50

REPETITION

 BILLEDSERIE PÅ NETTET
Arbejd videre med *billedserie* på nettet.
Skriv informationerne om Martin og Louise.

Martins alder: _____	Louises alder: _____
Mors navn: _____	Fars navn: _____
Antal søskende: _____	Antal søskende: _____

Gift hvor: _____

Gift hvornår: _____

Antal gæster: _____

QUIZ & BYT© 9

FLASHCARD-SPIL© 10

 TEST 3[11]
Lav *testen* på nettet.

EMNE TIL MODULTEST[12]

Min familie

Er din familie stor eller lille?

Hvor mange søskende har du? Hvor bor de? Er de gift? Har de børn?

Lever dine forældre? Hvor gamle er de? Hvor bor dine forældre?

Hvor tit ser / snakker du med din familie?

Er du gift? Har du en kæreste? Har du børn?

Har du familie / svigerfamilie i Danmark?

---

[9] **Quiz & byt:** Se note 12 side 21.
[10] **Flashcard-spil:** Kortene i lærervejledningen kopieres og klippes ud. Kursisterne går sammen i par. A får en bunke kort med spørgsmål og svar (som i Trivial Pursuit). A læser et spørgsmål, og hvis B kan svare, vinder B kortet. Hvis B ikke kan svare, giver A svaret, og kortet lægges bag i bunken. Parrene fortsætter til B har vundet alle kortene. Bagefter bytter A og B roller.
[11] **Test:** Se note 13 side 21.
[12] Se note 14 side 35.

Boligens værelser / møbler

Boligtyper / boligformer i Danmark

Sproghandlinger: at takke / hilse / ønske tillykke / invitere

Udtale: endelserne –e og –er

Grammatik: substantiver (flertal og bestemthed) / tror /
modalverber / inversion / adjektiver

OPGAVE 1   Matching: Hvad hedder værelserne i lejligheden?

| et køkken | et badeværelse | en gang | en altan |
| et børneværelse | et soveværelse | en stue | |

| en lampe | et badekar | en seng | en kommode | en sofa | et spejl |
| et tæppe | et billede | et bord | et fjernsyn | en stol | et skab |

- Find tingene / møblerne på billedet, og spørg hinanden.

 **SPROGHJÆLP**

A: ˈHvor ˈer der (en ˈlampe)?

B: (*i* ˈstu*en* / *i* ˈgang*en* / *i* ˈkøkken*et* / *i* ˈbadeværels*et* /
i ˈsoveværels*et* / *i* ˈbørneværels*et* / *på* alˈtan*en*)

- Peg på tingene / møblerne på billedet,
og spørg hinanden.

SPROGHJÆLP

A: ˈHvad er [**vaa**] ˈdet?

B: ˈDet er **et** [**deed**] (*kom*ˈ *fur*).
/ ˈDet er **en** [**deen**] (ˈ*pande*).

 ORDFORRÅD
Arbejd videre med
ordforråd på nettet.
Øv dig på ordene hjemme.
Skriv 10 ord, du har lært her:

UDTALE Endelserne –e [ə] og –er [ɔ] 🔊

- Lyt, og sæt kryds ved ordets rigtige flertalsendelse.

	–e [ə]	–er [ɔ]		–e [ə]	–er [ɔ]
1. et spejl			7. en dyne		
2. et komfur			8. en tallerken		
3. en sofa			9. en vask		
4. et toilet			10. en reol		
5. en radio			11. en stol		
6. et skab			12. en seng		

- Spørg hinanden om tingene / møblerne i lejligheden side 53[1].

✚ SPROGHJÆLP

A: Hvor 'mange ('gulvtæpper) 'er der?

B: Der er [dɑɑ] ('tre 'gulvtæpper. 'Et i 'børneværelset, 'et på al'tanen og 'et i 'stuen).

OPGAVE 2   Lytteforståelse: Hvem bor hvor? 🔊

- Pararbejde: Snak om de fire værelser side 55. Hvilke ting/møbler kan I se? Sig en sætning på skift. Brug verberne *står* / *hænger* / *ligger*.

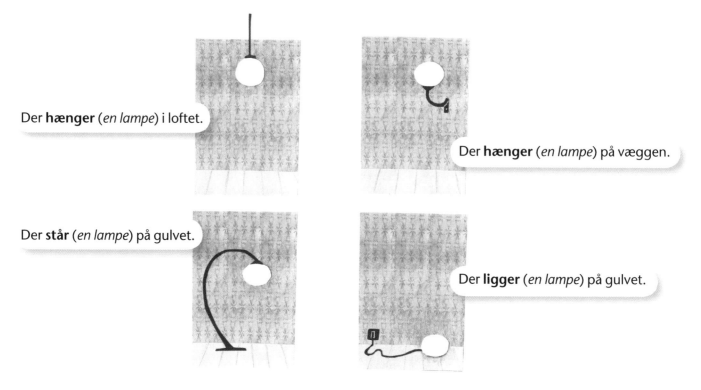

Der **hænger** (*en lampe*) i loftet.

Der **hænger** (*en lampe*) på væggen.

Der **står** (*en lampe*) på gulvet.

Der **ligger** (*en lampe*) på gulvet.

---

1 Gør kursisterne opmærksomme på, at substantiver, der ender på –e, får +r i flertal. Se evt. side 114.

Hvem bor hvor, tror I?

Navn: Jamilla og Adam
Alder: 24 år og 25 år
Nationalitet: dansker og marokkaner
Bor i: lejlighed i Odense

Billede nr. _____

Navn: Marie. Bor alene med sine to børn
Alder: 45 år
Nationalitet: dansker
Bor i: lejlighed på Vesterbro i København

Billede nr. _____

Navn: Keld og Crystal
Alder: 75 år og 74 år
Nationalitet: dansker og amerikaner
Bor i: hus i Vejle

Billede nr. _____

Navn: Julie og Kim og deres to børn
Alder: 39 år og 48 år
Nationalitet: danskere
Bor i: hus i Hellerup

Billede nr. _____

- Lyt, og svar på spørgsmålene.

1. Hvor stor er Jamilla og Adams lejlighed? _____

2. Hvem bor sammen med Jamilla og Adam? _____

3. Hvor har de købt sofabordet? _____

4. Hvilke fotografier hænger der på væggen i Maries stue? _____

5. Hvad ligger der på Maries sofabord? _____

6. Hvor sover Keld og Crystals hund? _____

7. Hvad elsker Keld og Crystal? _____

8. Hvad koster deres nye maleri? _____

9. Hvad laver Kim og Julie? _____

10. Hvad elsker Kim? _____

OPGAVE 3   Grammatik: Find og bøj substantiver i de 4 former

Mormors kolonihavehus

Min mormor har et kolonihavehus. Kolonihavehuset ligger på Amager. Det er ikke særlig stort, men det er stort nok til mormor.

Der er to værelser: en stue og et soveværelse. Soveværelset er meget lille, der står kun en seng og et skab og to potteplanter. I stuen har mormor et fjernsyn, et bord, to stole og en gammel kommode. På kommoden står der et billede. Billedet er af morfar. Han hedder Jens Peter og døde i 2008.

Mormor tænker på Jens Peter, mens hun sidder ude i haven. Så smiler hun. For det er en dejlig dag. Blomsterne dufter, og fuglene synger. Lige om lidt kommer jeg, barnebarnet, og jeg har to dejlige kager med.

- Understreg substantiverne i teksten. Skriv dem i skemaet side 57 under den rigtige kategori, og bøj dem i alle 4 former. Husk *en/et* i ubestemt form.
- Læs om **ubestemt og bestemt form** side 114.

Ental (singularis)		Flertal (pluralis)	
ubestemt	**bestemt**	**ubestemt**	**bestemt**
en mormor	mormor**en**	mormødre	mormødre**ne**
et kolonihavehus	kolonihavehus**et**	kolonihavehus**e**	kolonihavehus**ene**

- Indsæt hv-ord i spørgsmålene, og spørg hinanden to og to.

1. _____ ligger mormors kolonihavehus?

2. _____ _____ værelser er der?

3. _____ står der i soveværelset?

4. _____ står der på kommoden i stuen?

5. _____ tænker mormor på?

6. _____ døde Jens Peter?

7. _____ sidder mormor?

8. _____ kommer med kager?

SUBSTANTIVER
Arbejd videre med *substantiver* på nettet.

OPGAVE 4 Matching: Boligtyper

en lejlighed _____ et rækkehus _____ et plejehjem _____ en villa _____

et sommerhus _____ en kolonihave _____ et slot _____ en gård _____

OPGAVE 5 Boligquiz: Hvad tror du? 🔊

	Rigtigt	Forkert
1. De fleste i Danmark bor på landet.	○	○
2. Der bor 4 personer i en bolig i gennemsnit.	○	○
3. 50 % af alle ældre over 65 år bor på plejehjem.	○	○
4. De fleste bor i lejlighed.	○	○
5. Over 50 % bor i hus eller rækkehus.	○	○
6. Over 50 % ejer deres bolig.	○	○
7. De fleste bor til leje.	○	○
8. 21 % har et sommerhus.	○	○
9. Lejligheder er i dag i gennemsnit 50 m².	○	○
10. Huse er i dag i gennemsnit 100 m².	○	○

• Fortæl hinanden, hvad I tror.

➕ SPROGHJÆLP

A: Jeg 'tror, det er 'rigtigt / for'kert, at de 'fleste 'bor på 'landet.

B: 'Det 'tror jeg 'også. / 'Det 'tror jeg 'ikke.

- Læs teksten *Boliger i Danmark*, og tjek jeres svar i boligquizzen.
  Hvor mange rigtige havde I?

Boliger i Danmark

For 100 år siden boede de fleste i Danmark på landet. I dag er der ikke så mange mennesker, som bor på landet, kun ca. 13 %. De fleste bor i byer. Før i tiden boede der mange mennesker i en bolig. I dag bor der ikke så mange mennesker i en bolig. I 1960 boede der i gennemsnit 3 personer i en bolig, i dag bor der kun 2,1 person i en bolig i gennemsnit.

I Danmark er der mange, som bor alene, nemlig ca. 1 milion, dvs. hver femte dansker. Familierne er heller ikke så store, fordi kvinder ikke får så mange børn. Nogle børn bor enten sammen med deres mor eller deres far, fordi forældrene er skilt. Men de fleste børn bor sammen med begge deres forældre, nemlig ca. 74 %.

Nogle ældre mennesker kan ikke bo hjemme, så de kommer på plejehjem. Der bor ca. 40.000 ældre på plejehjem i Danmark, dvs. ca. 5 % af alle ældre over 65 år.

63 % af befolkningen bor i enfamiliehuse, som fx rækkehuse eller villaer. 30 % bor i lejlighed. Man kan bo til leje, man kan købe en andelsbolig eller også kan man eje sin bolig. I Danmark ejer 51 % deres bolig i dag. Der er også nogle, der har et sommerhus, nemlig 250.000, dvs. ca. 5 % af befolkningen.

Før var boligerne i Danmark ikke så store. Men nu bliver boligerne større og større. I dag er lejligheder i gennemsnit 75,5 m^2, og huse er i gennemsnit 138,8 m^2.

Kilde: Danmarks statistik 2010

- Svar på spørgsmålene.

1. Hvor mange personer boede der i gennemsnit i en bolig i 1960? _____

2. Hvor mange mennesker bor alene? _____

3. Hvor mange ældre bor på plejehjem? _____

4. Hvor mange procent bor i hus / rækkehus? _____

5. Hvor mange procent bor i lejlighed? _____

6. Hvor mange procent ejer deres bolig? _____

7. Hvor mange ejer et sommerhus? _____

8. Er boligerne i Danmark blevet større? _____

OPGAVE 6 Holdundersøgelse: Hvordan bor I?

- Gå rundt, og spørg alle på holdet. Sæt kryds for alle i spørgeskemaet.

✚ SPROGHJÆLP

Bor du i 'hus eller 'lejlighed?	Jeg bor i ('hus).
Bor du i 'ejer-, 'andels- eller 'lejebolig?	Jeg bor i ('ejerbolig).
Hvor 'mange kva'dratmeter 'har du?	Jeg 'har ('80 kva'dratmeter).

SPØRGESKEMA

1	Bor i hus	i lejlighed	
2	Bor i ejerbolig	i andelsbolig	i lejebolig
3	Har under 60 m²	60-100 m²	over 100 m²

- Tjek jeres skemaer to og to, og svar på spørgsmålene:

1. Hvor mange procent bor i lejlighed? _____
2. Hvor mange procent ejer deres bolig? _____
3. Hvor mange procent bor i en andelsbolig? _____
4. Hvor mange procent bor til leje? _____
5. Hvor mange procent har under 60 m²? _____
6. Hvor mange procent har over 100 m²? _____

OPGAVE 7 Læseforståelse: Sara søger bolig ◁))

- Indsæt verberne i teksten side 61. Du må kun bruge verberne en gang.

at arbejde	at flytte	at læse	at spille	at bo	at være
at hedde	at søge	at dele	at ryge	at ville	at have

Sara søger bolig

Sara Sørensen _____ 19 år og _____ i en frisørsalon på Vesterbro i København.

Hun _____ ikke nogen fast adresse. I tre måneder har hun søgt et sted at bo. Desværre er det

ikke nemt at finde en bolig i København. Nu sover hun i en venindes lejlighed. Men hendes veninde

skal rejse til USA om to uger. Hun skal fremleje sin lejlighed, og så kan Sara ikke sove der mere.

Saras forældre _____ i Dragør lidt udenfor København. Sara kan godt bo hjemme hos sine

forældre, men Sara _____ ikke flytte hjem til sin mor og far igen. For hjemme hos sine

forældre må hun ikke alt. Fx må hun ikke _____ høj musik, og hun må heller ikke

_____ . Derfor vil Sara ikke flytte hjem – hun vil have sit eget liv.

Saras kæreste _____ Frank. Han bor i en lejlighed sammen med 2 venner. De

_____ en 4-værelses lejlighed på Nørrebro i København. Her kan Sara også godt bo. Men

Sara har kun kendt Frank i 4 måneder. Derfor synes hun, det er for tidligt, at de _____

sammen.

Hver dag _____ Sara en bolig. Hun vil helst have en lejlighed på 2 værelser på

mindst 25 m². På Internettet er der mange gode websites med boligannoncer. Et par gange om

ugen _____ hun også annoncerne i supermarkedet. Hun læser alle annoncer med

„lejlighed udlejes", men også dem med „delelejlighed" og „værelse udlejes". Sara vil helst bo ale-

ne, men hun kan maks. betale 3500 kr. i husleje. Måske er det for lidt, hvis hun skal bo i København.

- Lyt, og tjek jeres svar.
- Skriv 8 spørgsmål om teksten, og spørg hinanden på holdet.

OPGAVE 8   Grammatik: Modalverber

MODALVERBERNE at kunne / skulle / ville / måtte

v1	v2		
kan		Jeg kan ikke komme. v1 v2	(=(u)mulighed)
skal	+ infinitiv	Hun skal rejse til USA. v1 v2	(=fremtid / en plan)
vil		Hun vil gerne flytte. v1 v2	(=ønske)
må		Hun må ikke ryge. v1 v2	(=tilladelse/forbud)

- Find alle modalverberne i teksten *Sara søger bolig* side 61.
  Skriv **v1** under modalverbet og **v2** under infinitiven.
- Skriv 8 sætninger med modalverberne.

OPGAVE 9　　　Grammatik: Inversion

- Understreg de steder, hvor der er inversion i teksten *Sara søger bolig* side 61,
  fx <u>I tre måneder</u> har hun søgt et sted at bo[2].
  Tidsadverbial　　v　　s

1. Tids-adverbialer	2. Steds-adverbialer	3. Andre adverbialer
I tre måneder …		

 INVERSION
Arbejd videre med *inversion* på nettet.

OPGAVE 10　　Lytteforståelse: Lyt til samtalen 🔊

- Jens har en lejlighed til fremleje. Helle søger et sted at bo. Lyt, og sæt kryds.

1. Hvor mange m² er lejligheden?	48 m² ◯	68 m² ◯	86 m² ◯
2. Hvor mange værelser er der?	3 ◯	4 ◯	5 ◯
3. Hvor mange soveværelser er der?	et lille ◯ soveværelse	et stort ◯ soveværelse	2 store ◯ soveværelser
4. Hvad er der i lejligheden?	et stort køkken ◯	badekar ◯	altan ◯
5. Hvad koster lejligheden i husleje pr. måned?	7.600 kr. ◯	8.600 kr. ◯	9.400 kr. ◯
6. Hvor mange måneders depositum er der?	3 mdr. ◯	6 mdr. ◯	9 mdr. ◯
7. Hvor lang tid er lejligheden til fremleje?	1/2 år ◯	1 år ◯	2 år ◯
8. Hvornår skal Jens rejse?	den 1/8 ◯	den 1/9 ◯	den 1/10 ◯

- Lyt igen, og svar på spørgsmålene.

1. Hvorfor skal Helle flytte til København?　　　4. Hvorfor skal han rejse?

2. Hvor længe har Jens boet i sin lejlighed?　　　5. Hvornår kan Helle komme og se lejligheden?

3. Hvor skal Jens rejse hen?

---

[2] Repeter evt. inversion side 116. Forklar kursisterne, at de skal skrive det led sætningen begynder med under den rigtige kategori i boksen.

OPGAVE 11   Matching: Find antonymer

- Sæt streg mellem de ord, som betyder det modsatte.

ny	grim
sød	forkert
pæn	gammel
god	kedelig
rigtig	dum
sjov	sur
glad	dårlig

stor	dårlig
billig	mørk
lækker	dyr
ren	ulækker
lys	lille
praktisk	beskidt
dejlig	upraktisk

OPGAVE 12   Grammatik: Adjektiver

Juans kollegium

Juan studerer økonomi og kommer fra Chile. Han bor på et stort kollegium på Amager. Han har et værelse med en rød sofa og et gammelt tv. Der er også et godt bord, hvor han har sin computer. Væggene er hvide, så værelset er lyst. Juan har også et dejligt badeværelse. Det er nyt. Udsigten er desværre grim. Juan kan kun se en kedelig, grå parkeringsplads.

Juan deler køkken med fem andre studerende. De er søde, men de er dårlige til at vaske op og holde orden. Køkkengulvet er aldrig rent, der er brune pletter på komfuret, og køleskabet er tit ulækkert. Men Juan er glad for at bo på kollegiet, for der er mange hyggelige og sjove fester.

- Understreg alle adjektiverne i *Juans kollegium*.
- Læs om **adjektiver** side 113.
- Pararbejde: Skriv tekstens adjektiver i skemaet.

Grundform	T-form	E-form
(et) **stort** (kollegium)		

- Hvilke møbler / ting har du i din bolig? Skriv 6 sætninger (brug ental / flertal og adjektiver).
  Fx *Jeg har to hvide stole og et stort, hvidt spisebord.*

 ## ADJEKTIVER

Arbejd videre med *adjektiver* på nettet.

OPGAVE 13   **Dialog: Lyt og læs**

Amir: Hvor bor du?

Veronica: Jeg bor på Tuxensvej i Brønshøj.

Amir: Hvad er din adresse?

Veronica: Tuxensvej nr. 18.

Amir: Hvad sal bor du på?

Veronica: Jeg bor på anden sal til højre.

Amir: Hvem bor du sammen med?

Veronica: Jeg bor ikke sammen med nogen.
Jeg bor alene.

Amir: Hvor mange værelser har du?

Veronica: Jeg har to store værelser, en dejlig stue
og et lyst soveværelse. Mit køkken er ikke så stort
og meget gammelt. Og så har jeg et lille bade-
værelse med toilet og bruser.

Amir: Hvordan er dine naboer?

Veronica: Jeg har nogle gode naboer. Min underbo larmer lidt, men han er altid sød og hjælpsom.

Amir: Hvad synes du om din bolig?

Veronica: Jeg er glad for min lejlighed, fordi den er stor og ligger i et hyggeligt kvarter.

Men jeg kan ikke lide mit køkken. Det er for lille og mørkt. Jeg hader også mit badeværelse.

Det er så lille, så man næsten skal bakke ind og ud! I Rusland har alle et dejligt stort badeværelse.

- Understreg alle adjektiver i dialogen. Snak om, hvilken form de har og hvorfor.

OBS

Præpositionerne *i* og *på*

GADE	=	**i**	Jeg bor **i** Store**gade**
VEJ	=	**på**	Jeg bor **på** Tuxens**vej**
SAL	=	**på** fjerde sal	Jeg bor **på** 4. sal
		på tredje sal	
		på anden sal	
		på første sal	
		i stuen	Jeg bor **i** stuen

OBS: th. = til højre   tv. = til venstre   se side 117.

OPGAVE 14   Interview og holdundersøgelse

- Interview hinanden om jeres bolig. Skriv nøgleord, så du kan fortælle om din interviewperson til holdet.[3]

➕ SPROGHJÆLP

'Hvad er din a'dresse?	Jeg 'bor ('Fengersvej '29, '3. 'sal 'th., i 'Valby).
'Hvem bor du 'sammen med?	Jeg 'bor 'sammen med (min 'kone). / Jeg bor a'lene.
Hvor 'mange 'værelser 'har du?	Jeg 'har ('4 'værelser).
'Hvilke 'værelser 'har du?	Jeg 'har (en 'stue, et 'soveværelse og et 'køkken).
Hvor'dan er din 'bolig?	Min 'bolig er (mo'derne / 'gammel / 'dyr / 'stor / 'lys / 'mørk / 'dårlig / 'hyggelig).
	Jeg har (en al'tan / en 'have).
Hvor'dan er dine 'naboer?	De ('larmer / er 'søde / er ('u)venlige).
Hvad 'synes du om din 'bolig?	Jeg er ('ikke / 'meget) 'glad for min 'bolig.

- Fortæl om hinandens boliger. Sæt kryds for alle, så du kan svare på spørgsmålene:

1. Hvor mange bor i stuen?
2. Hvor mange har to værelser?
3. Hvor mange har min. tre værelser?
4. Hvor mange bor alene?
5. Hvor mange er glade for deres bolig?

OPGAVE 15   Dictogloss[4] 🔊

- Lyt til Peters fortælling.
- Lyt igen, og skriv nøgleord.
- Lyt igen, og tjek dine nøgleord.
- Arbejd sammen tre og tre, og skriv en tekst om Peter.

OBS

en nabo (bor ved siden af)
en underbo (bor under)
en overbo (bor over)
en genbo (bor overfor)

OPGAVE 16   Skriveopgave: Fortæl om din bolig

- Skriv en tekst, hvor du fortæller om din bolig.

---

[3] Inddel evt. holdet i grupper inden fremlæggelsen, således at kursisterne fortæller om hinandens boliger i gruppen i stedet for på holdet (hvis holdet er stort, kan det tage for lang tid). Under fremlæggelserne sættes der kryds for alle i gruppen. Til sidst fortæller grupperne om deres resultater til de andre, så man alligevel får lavet en holdundersøgelse.
[4] Se noten side 46.

REPETITION

 BILLEDSERIE PÅ NETTET

Arbejd med *billedserien* på nettet.

Udfyld skemaet med de informationer, du får om Sannes bolig.

På holdet: Fortæl hinanden om Sannes bolig.

Boligtype

Kvadratmeter

Antal værelser

Sal

Pris

Pris pr. måned

By

Andet

MATCHING[5]

FLASHCARD-SPIL©[6]

 **TEST 4**[7]

Lav *testen* på nettet.

EMNE TIL MODULTEST

Bolig

Fortæl om din bolig

Hvor bor du?

Hvem bor du sammen med?

Bor du i leje-, andels- eller ejerbolig?

Hvor stor er din bolig?

Hvordan er din bolig? Er den stor/lille, mørk/lys, billig/dyr, ny/gammel m.m. ?

Hvad synes du om din bolig?

---

[5] Se note 12, side 35.

[6] Se note 10, side 51.

[7] Se note 13, side 21.

MAD OG INDKØB

Mad og drikke / måltider / præferencer

Madvaner / madtraditioner i forskellige lande

Mad og sundhed

Indkøb og butikker

Sproghandlinger: at takke / at bede om noget

Udtale: tryk / reduktion / vokaler / G

Grammatik: kortsvar / verber / ordstilling / substantiver / mængder

OPGAVE 1   Brainstorm og kategorisering: Mad og drikke[1]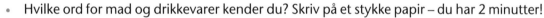

- Hvilke ord for mad og drikkevarer kender du? Skriv på et stykke papir – du har 2 minutter!
- Gruppearbejde: Få et skema af jeres lærer, og kategoriser alle jeres ord. Hvilken gruppe har flest ord?

 ### ORDFORRÅD

Arbejd videre med *Ordforråd* på nettet.

Kategoriser nye ord i jeres skema (husk *en/et*).[2]

På holdet: Spørg om billedet side 68.

✚ SPROGHJÆLP

A: ˈHvad er ˈdet **[va dee]**?

B: Det er **en** [deen] (*ˈpære*). / Det er **et** [deed] (*ˈæble*).

---

[1] Kopier skemaet i lærervejledningen. Når grupperne har kategoriseret deres ord, kan de skrive ordene på tavlen, så alle får skrevet de samme ord i deres skema. Samtidig kan man tjekke stavning og øve udtalen af ordene ved at læse dem højt.

[2] Hensigten er, at kursisterne hjemme øver sig på at huske ordene i kategoriseringsskemaet, så de næste gang (på holdet og/eller parvis) kan spørge hinanden om tingene på billedet side 68.

68

OPGAVE 2   Odd-one-out: Streg det forkerte ord ud og skriv kategorien

1.	blomkål	gulerod	~~pære~~	løg	*grøntsager*
2.	melon	kartoffel	appelsin	æble	
3.	juice	cola	is	saftevand	
4.	kylling	torsk	laks	tun	
5.	rundstykke	franskbrød	bolle	kalkun	
6.	letmælk	yoghurt	tomat	smør	
7.	bolle	karamel	lakrids	bolsje	
8.	skinke	laks	oksekød	pølse	
9.	wienerbrød	lagkage	småkage	rugbrød	
10.	rødvin	sodavand	øl	vodka	

- Snak om ordene.

✚ SPROGHJÆLP

('Blomkål, 'gulerod) og ('løg) 'passer 'sammen, for'di det er [dee] ('grøntsager).
('Pære) 'passer 'ikke, for'di det er [dee] ('frugt).

UDTALE   Lyt, gentag og sæt tryk ◁))

gulerod	melon	franskbrød	letmælk	blomkål	appelsin
kylling	kage	kalkun	kaffe	kartofler	wienerbrød
oliven	yoghurt	saftevand	tomat	oksekød	champignon

- Hvilke 6 ord har *ikke* tryk på første stavelse?

- Lyt, gentag og sæt tryk i sætningerne.

1. Jeg vil gerne have en kop kaffe.
2. Han skal have to stykker lagkage.
3. Tina købte en flaske rødvin.
4. Peter kan godt lide grøntsager.
5. Vi fik pizza og cola til morgenmad.
6. Vi fik ikke kaffe og kage.
7. De skal have kød og salat og kartofler.
8. De køber også en kylling og en liter is.

(www) UDTALE: TRYK

Arbejd videre med *tryk* på nettet.

OPGAVE 3   Dialog: Lyt og skriv de ord der mangler 🔊

Jessica og Uta skal ringe og bestille en pizza.

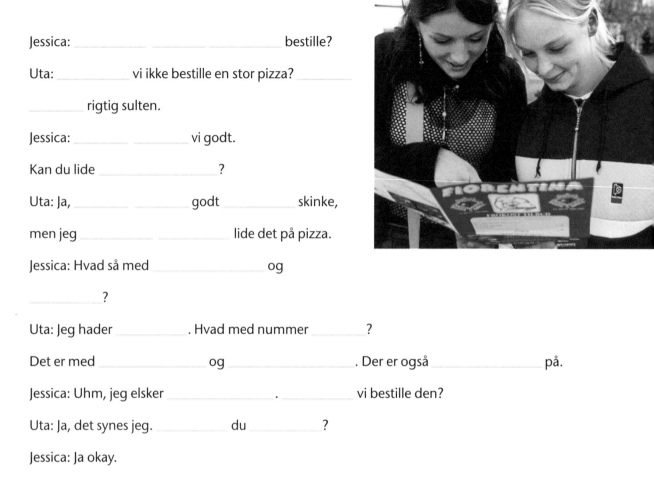

Jessica: _____ _____ _____ bestille?

Uta: _____ vi ikke bestille en stor pizza? _____

_____ rigtig sulten.

Jessica: _____ _____ vi godt.

Kan du lide _____ ?

Uta: Ja, _____ _____ godt _____ skinke,

men jeg _____ _____ lide det på pizza.

Jessica: Hvad så med _____ og

_____ ?

Uta: Jeg hader _____ . Hvad med nummer _____ ?

Det er med _____ og _____ . Der er også _____ på.

Jessica: Uhm, jeg elsker _____ . _____ vi bestille den?

Uta: Ja, det synes jeg. _____ du _____ ?

Jessica: Ja okay.

UDTALE   Reduktion 🔊

- Lyt, gentag og streg de bogstaver ud, du ikke kan høre, fx s k a̶l̶

  1. hvad   2. ikke   3. rigtig   4. kan   5. lide

  6. godt   7. med   8. også   9. synes   10. vil

- Lyt, gentag og streg de bogstaver ud, du ikke kan høre.

  1. De skal ringe og bestille en pizza.   5. Kan du lide rugbrød?

  2. Han kan ikke lide grøntsager.   6. Hvad vil du gerne have?

  3. Jeg kan godt lide kager.   7. Jeg vil gerne bede om en pizza.

  4. Jeg kan også lide sild og lakrids.   8. Tak skal du have.

🌐 UDTALE: REDUKTION
Arbejd videre med *reduktion* på nettet.

OPGAVE 4   Holdundersøgelse

- Spørg hinanden to og to: Kan du lide *ost* / *rugbrød* / *fisk* / *lakrids*?
- Sæt kryds i skemaet for din interviewperson.

	☺	☺	☺	☹
ost				
rugbrød				
fisk				
lakrids				

✚ **SPROGHJÆLP**

Kan 'du lide ('*ost*)?
  'Ja, jeg 'elsker ('*ost*).
  'Ja, jeg kan 'godt lide ('*ost*).
  'Nej, jeg kan 'ikke lide ('*ost*).
  'Nej, jeg 'hader / kan 'ikke for'drage ('*ost*).

- Fortæl om din interviewperson på holdet. Lyt til hinanden, og sæt kryds i skemaet for alle på holdet.

✚ **SPROGHJÆLP**

('*Hugo*) 'elsker ('*ost*), og (*han*) kan 'godt lide (*la'krids*).
Men (*han*) kan 'ikke lide ('*rugbrød*), og (*han*) 'hader ('*fisk*).

- Tæl jeres krydser, og svar på spørgsmålene:

Hvor mange på holdet elsker ost? _____

Hvor mange på holdet kan ikke lide rugbrød? _____

Hvor mange på holdet kan godt lide fisk? _____

Hvor mange hader lakrids? _____

- Holdrunde: Fortæl, hvad din livret er, og hvad du ikke kan fordrage.

UDTALE   Vokaler[3] 🔊

- Lyt, og gentag.
- Læs ordene to og to. Find et ord til med samme lyd.

[i]	**i**s	sp**i**s	p**i**zza	v**i**n	_____
[e]	t**e**	m**e**l	sk**i**nke	f**i**sk	_____
[æ]	**æ**g	m**æ**lk	**æ**ble	l**e**tmælk	_____
[a:]	k**a**ge	tom**a**t	spin**a**t	h**a**der	_____
[α]	k**a**ffe	l**a**ks	**a**ppelsin	k**a**rtofler	_____

---

[3] Repeter evt. først vokalskemaet side 118. Gør kursisterne opmærksomme på, at vokalsænkning forekommer som i fx *fisk* og *skinke*. Her har vi udeladt det korte, mere åbne a som i fx *vand* og *salt*, som der er fokus på side 101.

Hjemme hos familien Kurtik

Det er onsdag eftermiddag. Klokken er halv fem. Mette og Ricardo har tidligt fri. De er hjemme og skal lave aftensmad sammen. De står ude i køkkenet. Mette skræller kartofler, mens Ricardo ordner en kylling. Både kartofler og kylling skal i ovnen. Bagefter laver de en salat. Mette skærer grøntsager, og Ricardo laver en dressing. Mens de laver aftensmad, hører de musik. De snakker også om deres arbejde. Ricardo fortæller om sin dag i banken. Mette fortæller om sine kunder i butikken. Det er hyggeligt at lave mad sammen.

Ricardo lægger en dug på bordet og dækker bord med tallerkener, glas, knive og gafler.

Inde i stuen sidder Karla og Jonas og ser fjernsyn. Nogle gange laver de også mad eller dækker bord. Men om onsdagen tager de altid ud af bordet og vasker op.

Aftensmaden er færdig, og familien begynder at spise. De spiser kylling, ovnbagte kartofler og en græsk salat med oliven. Det er Karlas yndlingsret. Jonas elsker også kylling, men han kan ikke lide græsk salat, for han kan ikke fordrage fetaost og oliven.

Mens de spiser, fortæller Karla og Jonas om skolen. Jonas er hurtigt færdig med at spise, så han rejser sig og siger: "tak for mad". Mette og Ricardo siger: "Velbekomme". Jonas går ind på sit værelse for at lave hjemmearbejde. De andre spiser videre. Efter aftensmaden går Mette og Ricardo ind i stuen. Mette kalder på Jonas. Han skal komme og hjælpe Karla med at tage ud af bordet og vaske op.

- Læs om *kortsvar* side 112.
- Skriv kortsvar til spørgsmålene.

1. Er det onsdag formiddag?   *Nej, det er det ikke. Det er onsdag eftermiddag.*

2. Har Mette og Ricardo tidligt fri?   _____

3. Laver de frokost?   _____

4. Dækker Ricardo bord?   _____

5. Spiser de frikadeller?   _____

6. Arbejder Ricardo i en butik?   _____

- Skriv 4 ja/nej-spørgsmål om teksten. Spørg hinanden to og to.

7. _____

8. _____

9. _____

10. _____

- **Holdrunde:** Stil ja/nej-spørgsmål til hinanden. Svar med kortsvar. Brug sproghjælpen side 73.

SPROGHJÆLP

Ja/nej-spørgsmål	Kortsvar
Er du dansker?	Ja, det **er** jeg. / Nej, det **er** jeg ikke. Jeg er …
Har du børn?	Ja, det **har** jeg. / Nej, det **har** jeg ikke.
Spiser du lakrids?	Ja, det **gør** jeg. / Nej, det **gør** jeg ikke.

OPGAVE 6   **Grammatik: Verber**

- Understreg alle verberne i nutid (og kun i nutid) i teksten *Hjemme hos familien Kurtik* (side 72).
- Få et **verbumskema** af din lærer, og bøj alle verberne.
- Øv dig på at bøje verberne hjemme. Gå rundt, og spørg hinanden om verbernes bøjning næste gang.[4]
- Pararbejde: Læs teksten *Hjemme hos familien Kurtik* højt i datid. Begynd: „Det **var** onsdag eftermiddag …"

ORDFORRÅD

Arbejd videre med *Ordforråd* på nettet.

Skriv hvad Søren spiser hvornår.

altid	tit	nogle gange	aldrig
et solidt morgenmåltid			

- **På holdet:** Sig en sætning hver om Søren. Brug *altid / tit / nogle gange / aldrig*.

ADVERBIER OG SVA-ORDSTILLING

Han spiser	**altid**	et solidt morgenmåltid.
Han laver	**tit**	en stor portion havregrød.
Han spiser	**nogle gange**	ymer.
Han spiser	**aldrig**	pølser.
S	V — A	

---

[4] Se note 10 side 34.

OPGAVE 7   Holdundersøgelse

- Hvad gør du? Læs spørgeskemaet, og sæt kryds.

1. Jeg drikker	2. Jeg spiser	3. Jeg spiser
altid	**altid**	**altid**
tit	**tit**	**tit**
nogle gange	**nogle gange**	**nogle gange**
aldrig	**aldrig**	**aldrig**
kaffe om morgenen.	et solidt morgenmåltid.	rugbrød til frokost.

4. Jeg spiser	5. Jeg spiser	6. Jeg spiser
altid	**altid**	**altid**
tit	**tit**	**tit**
nogle gange	**nogle gange**	**nogle gange**
aldrig	**aldrig**	**aldrig**
varm mad til frokost.	varm mad til aftensmad.	fast food til aftensmad.

- Fortæl, hvad du har svaret til de andre på holdet. Lyt til hinanden, og sæt kryds for alle i skemaet, så I kan svare på spørgsmålene.

> **OBS**
>
> Jeg drikker (*'altid* / *'tit* / *'nogle gange* / *'aldrig*) 'kaffe om 'morgenen.
> S   V   A
>
> **om** morgenen   **til** morgenmad
> **om** dagen   **til** frokost
> **om** aftenen   **til** aftensmad / middag

1. Hvor mange på holdet drikker altid kaffe om morgenen? _____

2. Hvor mange på holdet spiser altid et solidt morgenmåltid? _____

3. Hvor mange på holdet spiser altid eller tit rugbrød til frokost? _____

4. Hvor mange på holdet spiser aldrig varm mad til frokost? _____

5. Hvor mange på holdet spiser altid varm mad til aftensmad? _____

6. Hvor mange på holdet spiser aldrig fast food til aftensmad? _____

 ADVERBIER OG SVA-ORDSTILLING
Arbejd videre med *adverbier og ordstilling* på nettet.

ROLLELÆSNING

- Inddel jer i grupper på 3 personer. Gennemgå de 6 tekster på flg. måde:

  A: Læs teksten højt.

  B: Stil 2 spørgsmål om teksten, som gruppen skal svare på.

  C: Opsummer teksten i 2-3 sætninger.

  Skriv hvilket land, I tror det er.

  Ved næste tekst bytter I roller, så **A** bliver **B**, **B** bliver **C** osv.

1 I mit land drikker vi sort kaffe og juice om morgenen. Vi spiser æg og varme majspandekager. Det store måltid spiser vi midt på dagen. Det er altid varm mad, fx ris, bønner, majspandekager og suppe. Til aftensmad spiser vi frugt eller lidt rester fra frokosten.

Land: _____

2 I mit land siger vi: "Dagen begynder med et godt måltid." Derfor spiser vi altid et stort morgen-måltid med 4-5 retter, fx ris med kød, fisk, grøntsager og suppe. Midt på dagen spiser vi rester fra morgenmaden. Om aftenen spiser vi igen 4-5 retter. Der er altid ris til maden. Vi spiser ikke med kniv og gaffel, men med pinde.

Land: _____

3 Til morgenmad drikker vi tit kaffe med varm mælk og spiser en croissant eller kage. Frokosten er altid dagens største måltid. Vi spiser fx en bøf med kartofler og grønne bønner og en salat. Bagefter er der ost – vi elsker ost! Efter osten spiser vi en dessert, fx kage eller budding. Vi drikker et glas vin eller vand til. Om aftenen spiser vi en salat med rester fra frokosten – og ost igen, naturligvis!

Land: _____

4 Et typisk aftensmåltid begynder altid med mange små retter, der står på bordet i små skåle. Vi spiser også mange salater med forskellige grøntsager, fx gulerod, chili, auberginer og tomater. Bagefter spiser vi couscous fx med kød. Brød spiser vi med fingrene. Til sidst drikker vi myntete og spiser frugt eller kage.

Land: _____

5 I mit land spiser vi næsten altid kold mad til frokost fx en sandwich eller brød med pålæg. Om aftenen spiser vi varm mad. Vi kan godt lide at spise mad fra hele verden. Men vi laver tit de samme retter som for 50 år siden. De to mest populære retter er stadig hakkebøf og frikadeller.

Land: _____

6 Om morgenen drikker vi te med mælk. Vi spiser tit brød, æg og pølse. Det store måltid spiser vi midt på dagen. Vi starter altid med forretter, fx sild i creme fraiche eller marinerede grøntsager – måske med kold vodka til. Bagefter spiser vi suppe og kød eller fisk. Vi spiser aldrig salat til et måltid, men altid før. Til dessert spiser vi tit frugt. Om aftenen spiser vi næsten det samme som til frokost. Vi spiser bare lidt mindre.

Land: _____

- Lyt, og tjek jeres svar.
- Skriv 8 sætninger om de 6 tekster/lande.[5] Brug adverbierne *altid / tit / nogle gange / aldrig / ikke*. I skal skrive 4 sætninger, som er rigtige og 4 sætninger, som ikke passer, fx: *Man spiser aldrig ris i Kina. / I Kina spiser man aldrig ris.*
      S   V   A   V   S   A
- Læs jeres sætninger højt. Sig om de er rigtige eller forkerte.

✚ SPROGHJÆLP

A: Man spiser 'aldrig 'ris i 'Kina.
B: 'Det er [dee] for'kert. Man spiser 'altid 'ris i 'Kina.

Hvad spiser man typisk om morgenen, midt på dagen og om aftenen i de lande, I kommer fra?

---

[5] Enten individuelt eller i grupperne fra før, hvor grupperne på skift læser deres sætninger højt, og de andre banker i bordet, hvis de kender svaret. Den hurtigste svarer (som i sproghjælpen), og gruppen får 1 point for et korrekt svar.

OPGAVE 9   Holdundersøgelse: Nye madvaner

- Spørg hinanden to og to, om I spiser anderledes her i Danmark:

  Hvad spiser du nu (nye ting som du ikke spiste før)?

  Hvad spiser du ikke mere?

  Hvad spiser du mere / mindre af?

+ + = også

÷ ÷ = heller ikke

mere / mindre (*kød*)

flere / færre (*nødder*)

hvidt / groft brød

✚ SPROGHJÆLP

'Spiser du 'anderledes 'her i 'Danmark?

     Jeg spiser ('*rugbrød*) '**nu**. Jeg spiser 'også (*la*'*krids*).

     Jeg spiser '**ikke** ('*suppe om* '*morgenen*) '**mere**.

     Jeg spiser 'heller 'ikke ('*varm* '*mad til* '*frokost*).

     Jeg spiser '**mere** ('*kød*) og '**mindre** ('*frugt*).

- Skriv nøgleord på et stykke papir, og fortæl om hinanden til resten af holdet.

  Lyt til alle, og noter hvilke nye ting I spiser:

Nye ting:

_____

_____

_____

UDTALE   Vokaler[6] 🔊

- Lyt, og gentag.
- Læs ordene to og to. Find et ord til med samme lyd.

[y]	k**y**lling	**y**mer	s**y**ltetøj	_____
[ø]	**ø**l	k**ø**d	s**ø**dmælk	_____
[u]	t**u**n	kalk**u**n	r**u**gbrød	_____
[o]	**o**lie	**o**liven	mel**o**n	_____
[å]	**å**l	k**å**l	s**u**kker	_____

OPGAVE 10   Diktat: Tamar fra Israel 🔊

- Lyt, og skriv teksten om Tamars nye madvaner.

---

[6] Repeter først vokalskemaet side 118. Gør kursisterne opmærksomme på, at vokalsænkning forekommer som i fx *frugt* og *sukker*.

OPGAVE 11 Lytteforståelse: Verdens sundeste lande 🔊

- Pararbejde: Hvilke lande er de 6 sundeste i verden, tror I? Hvorfor?

Danmark	USA	Sverige	Argentina	Sydafrika	Japan
Kina	Singapore	Sydkorea	Algeriet	Frankrig	England

- Lyt, og skriv de ord, der mangler.

1. _____

Gennemsnitlig levealder: _____ år

Andel fede i befolkningen: _____ %

Sund kost: Masser af _____,

især _____ og broccoli. De spiser også

masser af _____ og soja.

2. _____

Gennemsnitlig levealder: _____ år

Andel fede i befolkningen: _____ %

Sund kost: Masser af _____,

_____ og grøntsager.

Af sødt spiser de masser af tropisk

_____ .

3. _____

Gennemsnitlig levealder: _____ år

Andel fede i befolkningen: _____ %

Sund kost: Masser af grøntsager,

_____ , fuldkorn og

_____ . De spiser også meget

ingefær, _____ og soja.

4. _____

Gennemsnitlig levealder: _____ år

Andel fede i befolkningen: _____ %

Sund kost: Mange mellemmåltider og

_____ .

De spiser små portioner og sjældent snacks.

5. _____

Gennemsnitlig levealder: _____ år

Andel fede i befolkningen: _____ %

Sund kost: Masser af tofu, _____ og

_____ . Alle spiser *kim chi*, en

salat af chili, _____ , ingefær

og _____ .

6. _____

Gennemsnitlig levealder: _____ år

Andel fede i befolkningen: _____ %

Sund kost: Masser af fisk, fibre og

_____ , fx _____

og _____ .

UDTALE G 🔊

- Lyt, og gentag.

[g]	ng [ŋ]	stumt g [÷]
Gambia	Singapore	Frankrig
gerne	mange	også
grammatik	befolkning	dag

- Lyt, og sæt kryds ved den rigtige lyd.[7]

	[g]	ng [ŋ]	stumt g [÷]
1. mængde	○	○	○
2. glas	○	○	○
3. gram	○	○	○
4. bager	○	○	○
5. kager	○	○	○
6. rugbrød	○	○	○
7. ingefær	○	○	○
8. kylling	○	○	○
9. grønthandler	○	○	○
10. yoghurt	○	○	○

WWW G

Arbejd videre med **G** på nettet.

Skriv alle ordene med **G** (fra teksten *Grønthandler Singh fra Slagelse*)
her i bogen under den rigtige lyd.

[g]	[ŋ]	stumt g [÷]

7 Vi har valgt at forenkle øvelsen ved at undlade at omtale udtalen af g som [j] som i sælger og [w] som i bog.
  Man kan også diskutere udtalen af g'et i fx bager, der både kan være stumt eller udtales som [j].

GRAMMATIK   Substantiver

Substantiver man kan tælle:		Substantiver man **ikke** kan tælle:
Ental (en/et)	**Flertal**	
en tomat	nogle tomater	noget / 125 g smør
en steg	nogle stege	noget / et kilo sukker
et løg	nogle løg	noget / en pose kaffe
en and	nogle ænder	noget / en liter mælk

Hvor **mange** [maŋŋ] løg har du?   Hvor **meget** [mað] smør har du?

Har du **nogle** [no:n] tomater?   Har du **noget** [nåð] sukker?

- Indsæt *hvor mange* eller *hvor meget*. Sæt kryds ved det rigtige svar.

MADQUIZ

1. Hvor _meget_ smør er der i en pakke?	250 g	350 g	500 g
2. Hvor _____ gær er der i en pakke?	25 g	50 g	100 g
3. Hvor _____ sukker er der i ½ liter sodavand?	10 g	25 g	50 g
4. Hvor _____ gram fisk skal man spise om ugen?	100 g	200 g	300 g
5. Hvor _____ frugt/grønt skal man spise om dagen?	100 g	400 g	600 g
6. Hvor _____ sodavand drikker børn (4-14 år) om ugen?	1½ l.	3 l.	4 ½ l.
7. Hvor _____ kød spiser hver dansker om året?	63 kg	89 kg	110 kg
8. Hvor _____ kg æbler spiser hver dansker om året?	16 kg	32 kg	49 kg
9. Hvor _____ børn (4-18 år) er overvægtige?	10 %	20 %	30 %
10. Hvor _____ minutter pr. dag skal børn være fysisk aktive?	10	30	60

Kilde: Danmarks Statistik og Sundhedsstyrelsen

- Spørg hinanden to og to.

- Lyt, og tjek dine svar.
  Hvor mange rigtige havde du?

✚ SPROGHJÆLP

A: Hvor meget smør er der i en pakke?

B: (*Jeg tror*), der er [daα] (*250 g*).

A: Det tror jeg også / ikke.

OBS: Brug kun *tror*, hvis du ikke er sikker.

OPGAVE 13   Lytteforståelse: Lyt og find 8 fejl

CHAMPIGNONSUPPE

350 g friske champignon	½ l. sødmælk 9 %
1 porre	2 tsk. karry
1 hvidløg	1 spsk. peber
30 g olie	1 spsk. chili
8 dl. vand	evt. persille
1 terning grøntsagsbouillon	

- Lyt igen, og ret fejlene.
- Spørg hinanden to og to. Brug *hvor mange* eller *hvor meget*.

SPROGHJÆLP

Hvor mange (*champignon*) skal man bruge?
Hvor meget (*olie*) skal man bruge?

SUBSTANTIVER

Arbejd videre med *tællelige / utællelige substantiver* på nettet.

OPGAVE 14   Sproghandlinger: Lav dialogerne[8]

Hvad skulle det være?	Velbekomme.	Må jeg bede om saltet?
Hvordan smager det?	Tak for mad.	Jeg skal have et rugbrød.
Ja, værsgo.	Dejligt.	

Dialog 1

A: _____

B: _____

[8] Se note side 13.

Dialog 2

A: _____

B: _____

Dialog 3

A: _____

B: _____

Dialog 4

A: _____

B: _____

• Lyt, og tjek.

OPGAVE 15   Matching: Hvilke billeder passer til ordene i boksen?

1   2   3   4   5   6   7   8

| en flaske _____ | en pose _____ | en liter _____ | en dåse _____ |
| en bakke _____ | en pakke _____ | et glas _____ | et bæger _____ |

• Indsæt ordene fra boksen. (Der kan være flere muligheder).

1. _____ tun		2. _____ jordbær	
3. _____ gær		4. _____ vin	
5. _____ mælk		6. _____ sukker	
7. _____ olie		8. _____ mel	
9. _____ marmelade		10. _____ is	
11. _____ creme fraiche		12. _____ juice	

UDTALE   Lyt, gentag og sæt tryk 🔊

1. en flaske → en flaske vin

2. en pose → en pose kaffe

3. en liter → en liter æblejuice

4. en dåse → en dåse makrel

5. en bakke → en bakke æg

6. en pakke → en pakke gær

7. et glas → et glas oliven

8. et bæger → et bæger yoghurt

OPGAVE 16   Dialog: Lyt og skriv de ord der mangler 🔊

Katie køber ind hos bageren.

Ekspedient: Goddag, _____ skulle det være?

Katie: Jeg _____ _____ have en

_____ sødmælk og en _____ smør.

Ekspedient: Værsgo. Ellers andet?

Katie: Ja, jeg skal _____ have en _____ æg.

Ekspedient: Hvor _____ æg?

Katie: Lad mig bare få en _____ _____ 12 stk.

Ekspedient: Værsgo. Noget andet?

Katie: Jeg _____ også _____ bede _____ et _____ med kerner

og fire _____ med chokolade.

Ekspedient: Ellers andet?

Katie: Nej, det var det hele ... åh nej, forresten, jeg skal også _____ _____ en

_____ kaffe.

Ekspedient: Hvor _____ ? 250 g eller _____ g?

Katie: Bare en lille _____ . _____ bliver det?

Ekspedient: Det bliver 227,50 kr. Betaler du med Dankort?

Katie: _____ _____ . På beløbet.

- Læs dialogen to og to.
- Lyt, og tjek jeres svar.
- Snak om, hvad man siger, når man skal købe noget i en butik.

OBS

1,50 kr.	→	halvanden krone
2,50 kr.	→	to en halv
5 kr.	→	fem kroner / en femmer
10 kr.	→	ti kroner / en tier
20 kr.	→	tyve kroner / en tyver

🌐 ORDFORRÅD
Arbejd videre med *ordforråd* på nettet.

OPGAVE 17 Spørg om billeder: Butikker og indkøb

en slagter _____	en bager _____	en grønthandler _____
en dyrehandler _____	en ostehandler _____	en blomsterhandler _____
en vinhandler _____	en fiskehandler _____	en boghandler _____

- Pararbejde: Snak om, hvilke butikker man kan se på billederne, og hvad man kan købe
  i butikkerne.

✚ SPROGHJÆLP

Man kan købe (*æbler*) hos (*en grønthandler*). / Hos (*en grønthandler*) kan man købe (*æbler*).
   s   v1 v2   adverbial   adverbial   v1 s v2

- Gruppearbejde: Tag en runde, hvor I svarer på spørgsmålene:
  Hvor køber du tit ind (mad m.m.)? Hvorfor?
  Hvilke butikker kan du godt lide? Hvorfor?

✚ SPROGHJÆLP

Jeg køber tit ind i (*Bilka*), fordi det er [**dee**] (*billigt / praktisk / hurtigt / tæt på*).
Jeg kan godt lide (*Irma*), fordi der er [**dαα**] (*mange / gode / friske varer*).

REPETITION

SPØRG OM BILLEDET

- Pararbejde: Lav hv-spørgsmål og ja/nej-spørgsmål om Heidi og hendes madvaner og indkøb. Brug informationerne i boksen.

HEIDI

Alder: 21 år
Land: Østrig
Arbejde: bartender på en bar

Madvaner

Morgenmad kl. 9:
Altid: kaffe m. mælk / yoghurt m. mysli
Nogle gange: en bolle m. smør

Frokost kl. 12:
Altid: rugbrød m. fx pølse, ost, skinke
Nogle gange: frugtsalat

Aftensmad kl. 18:
Tit: fast food fx pizza, burger
Nogle gange: gryderet el. kylling

Kan lide / ikke lide:

☺ pizza
☺ is og wienerbrød
😐 rejer og sushi
☹ blæksprutter

Indkøb: Netto: billigt / tæt på

FIRE AF ÉN SLAGS[9]

FIND EN PARTNER[10]

TEST 5[11]
Lav *testen* på nettet.

EMNE TIL MODULTEST

Mad og måltider
Hvad spiser du på en almindelig dag?
(til morgenmad / til frokost / til aftensmad)

Spiser du anderledes nu, end da du boede i dit hjemland?
Hvad spiser du af nye ting?
Hvad spiser du ikke mere?

Hvad synes du om dansk mad?
Hvad kan du godt / ikke lide?

---

[9] Ordkortene i lærervejledningen kopieres og klippes ud. Pararbejde: Hvert par får en bunke ordkort, som de skal samle i sæt á 4 stk., dvs. 4 ord der passer sammen. Der er 12 kategorier med 4 i hver. Lav evt. en konkurrence, hvor det par, der først samler alle 12 sæt, har vundet. Gennemgå alle sæt, og snak om, hvorfor ordene passer sammen, fx liter, kilo, gram, deciliter passer sammen, fordi det er mængder.

[10] Kortene i lærervejledningen kopieres og klippes ud. Hver kursist får et kort med en sproghandling. De skal gå rundt, og finde deres partner ved at sige deres sproghandling. De må ikke se hinandens kort.

[11] Se note 13 side 21.

6 ÅRET RUNDT

Vejr / årstider

Ferier

Planer / tidsudtryk

Sproghandlinger: at kommentere vejret

Udtale: vokaler / måneder / ordenstal

Grammatik: spørgsmål / præpositioner / fremtid med skal / tidsudtryk

OPGAVE 1   Matching: Vejret

tordenvejr _____	blæsevejr _____	solskin _____
snevejr _____	overskyet _____	regnvejr _____

30°

12°

9°

1.

2.

3.

21°

15°

÷12°

4.

5.

6.

- Pararbejde: Spørg hinanden som i sproghjælpen.
- Hvordan er vejret i dag? Hvor mange grader er det?
- Tjek vejrudsigten på www.dmi.dk for i morgen og i overmorgen.

✚ SPROGHJÆLP

A: Hvor'dan er 'vejret på ('billede '1)?   B: Det er [**dee**] 'solskin.

A: Hvor 'mange 'grader 'er det?   B: Det er [**dee**] '30 'grader.

OBS: Temperaturer måles i celsius i Danmark.

OPGAVE 2   Sproghandlinger: Lav dialogerne 🔊

Ja, det må du nok sige. Det er skønt, når solen skinner.	~~Sikke et regnvejr.~~
Sikke koldt det er i dag.	Sikke et dejligt vejr.
Ja, hold da op, hvor jeg fryser.	Ja, jeg er plaskvåd.

Dialog 1

Sara: *Sikke et regnvejr.*

Mattias:

Dialog 2

Poul:

Signe:

Dialog 3

Guang:

Pascal:

UDTALE   Måneder 🔊

- Lyt, gentag og sæt tryk.

januar	februar	marts	april
maj	juni	juli	august
september	oktober	november	december

- Spørg hinanden som i sproghjælpen.

✚ SPROGHJÆLP

A: 'Hvilken 'måned kommer ('før / 'efter) (ok'tober)?
B: Det 'gør (sep'tember / no'vember).

OBS

snevejr	→ det sner
blæsevejr	→ det blæser
regnvejr	→ det regner
tordenvejr	→ det tordner (og lyner)
solskin	→ solen skinner

OPGAVE 3   Spørg om billeder

- Skriv de ord der passer til billederne side 88.

blæsevejr	regnvejr	snevejr	kælker
blomster springer ud	på stranden	træerne visner	sidder ude
griller	Tivoli åbner	skøjter	bader

- Lav 3 hv-spørgsmål og 3 ja/nej-spørgsmål om hvert billede, og spørg hinanden.

Forår

Sommer

Efterår

Vinter

Vejr og årstider i Danmark

I Danmark er der fire årstider: Forår, sommer, efterår og vinter.

Foråret begynder ifølge kalenderen 1. marts og slutter 1. juni, hvor sommeren starter. Om foråret springer blomster og træer ud. Nogle gange er det varmt med masser af sol og høje temperaturer. Men det kan også sne, selvom det er forår ifølge kalenderen. Det er forskelligt fra år til år.

Efter forår kommer sommer. Juli og august er de varmeste måneder med dagtemperaturer på omkring 20 grader. Dagene er lange, og nætterne er korte. Årets længste dag er den 21. juni. Den dag står solen op mellem klokken 4 og 5 om morgenen og går først ned ved 22-tiden. I juli holder mange danskere ferie, og skoler og universiteter holder lukket. Man ved aldrig rigtig, hvordan sommeren bliver: Måske kan man tage på stranden og bade, måske regner det i flere uger.

Så bliver det efterår. Det er lidt koldt, og bladene bliver gule og orange. Til sidst visner de og falder af træerne. Dagene bliver kortere og kortere. Det blæser og regner meget, især i november. 13 dage med regn er der i gennemsnit.

Så kommer vinteren. Det er koldt, og man fryser. Det er også mørkt. Det sner nogle gange, og solen skinner kun lidt. Årets korteste dag er den 22. december, og det betyder, at solen står op omkring klokken 8-9 og går ned igen ca. 7 timer senere, dvs. klokken 15-16. Årets koldeste måneder er januar og februar med dagtemperaturer omkring 2 grader. Om natten er temperaturen tit under 0 grader, nogle gange helt ned til –15 grader.

Men den 1. marts er vinteren officielt slut, og så begynder foråret igen.

- Læs / lyt til teksten, og skriv 8 sætninger om vejr og årstider i Danmark. Du skal skrive 4 sætninger, der passer og 4 sætninger, der ikke passer.

- **Holdrunde:** Sig en af jeres sætninger. Bank i bordet, hvis du ved, om en sætning er rigtig eller forkert. Rigtigt svar = 1 point.

✚ SPROGHJÆLP

A: Det er [dee] ˅armt om ˅interen.
B: Det er [dee] for˔kert. Det er [dee] ˌkoldt om ˅interen.

- **Holdrunde:** Hvor mange årstider er der i dit hjemland? Hvilken årstid er det nu?

VEJRET

Arbejd videre med *vejret* på nettet.

Skriv informationerne om Ritas ferie i skemaet.

På holdet: Snak om jeres skema to og to.

RITAS FERIE

Sted: _____

Årstid: _____

Grader: _____

Vejret: _____

Aktiviteter: _____

_____

UDTALE VOKALER 🔊

- Hvilken vokallyd udtales forskelligt fra de andre? Streg ordet ud.
  Se evt. *vokalskemaet* side 118.

Række 1

[i]	jun**i**	sk**i**	v**i**nter	**i**s
[e]	v**ej**r	sn**e**	v**i**sner	sk**i**nner
[æ]	bl**æ**ser	**å**ret	m**e**llem	n**æ**tter
[a]	b**a**de	m**a**rts	d**a**ge	bl**a**de
[α]	or**a**nge	str**a**nd	m**e**get	n**a**t

> **OBS**
> Nogle vokaler er lydrette, dvs.
> de udtales, som de skrives.
> Andre vokaler udtales ikke,
> som de skrives, fx v**i**nter = [e]

Række 2

[y]	sk**y**er	fr**y**ser	l**y**s	fl**y**tte
[ø]	b**y**	f**ø**les	m**ø**de	beg**y**nde

Række 3

[u]	j**u**ni	g**u**le	l**u**kket	**u**ger
[o]	v**o**kal	s**o**l	t**o**rden	s**o**mmer
[å]	m**å**ned	l**u**kket	**å**rstid	st**å**
[ɔ]	k**o**ldt	s**å**	s**o**l	t**o**lv

 VOKALER

Arbejd videre med *vokaler* på nettet.

OPGAVE 5   Lytteforståelse: Skriv de ord der mangler 🔊

Skolens ferier og fridage

Sally er _____ år og går i 1.klasse. Hun _____ i en lille by på

Sjælland med sin familie. Sally elsker at _____ i skole, men hun

kan også godt _____ at have ferie. Den længste ferie er som-

merferien. Den starter sidst i _____ og varer til anden

_____ af august. I august starter det nye skoleår.

Midt i _____ er det efterårsferie, nemlig i

_____ _____. I gamle dage kaldte man efterårsferien

for kartoffelferien, fordi _____ skulle hjælpe deres

_____ med at høste kartofler. Så _____

juleferien. Sally elsker jul. Juleferien _____ sidst i

_____ og varer til starten af januar. Midt i _____ får børnene en

uges _____. Hvis det _____, kælker de eller bygger en snemand.

I _____ eller _____ kommer påskeferien, som varer lidt over _____

_____. Sidst i juni er det _____. I år skal Sally og hendes _____

på cykeltur rundt i Danmark, så Sally håber, at det bliver en god _____ med masser

af _____.

- Skriv 8 spørgsmål om teksten *Skolens ferier og fridage*, og spørg hinanden.

OPGAVE 6   Lytteforståelse: Familien Bergs sommerferie 🔊

Familien Berg består af forældrene Per og Hanne og deres børn Rasmus på 10 og Katrine på 13 år.

- Pararbejde: Snak om billederne side 92. Hvad kan I se?
- Lyt, og skriv nummer ved billederne, så rækkefølgen passer til det, du hører.
  Der er to billeder, du ikke skal bruge.
- **Gruppearbejde:** Lav en dictogloss[1]

---

[1] Når kursisterne har sat tal på billederne, skal de lytte til teksten endnu engang og skrive nøgleord. Derefter skal de i grupper på tre rekonstruere teksten *Familien Bergs sommerferie* i fællesskab. Understreg over for kursisterne, at det vigtige ikke er at gengive teksten ordret, men at teksten hænger sammen, og sætningerne er forståelige og grammatisk korrekte. Understreg også, at det er et gruppearbejde, hvor hver gruppe afleverer et stykke papir. Man kan evt. bede gruppen om at vælge en sekretær, der har ansvaret for at skrive de sætninger ned, som gruppen konstruerer ved hjælp af nøgleordene. Efterfølgende kan man gennemgå gruppernes tekster på holdet med fokus på indhold, sammenhæng og korrekthed.

OPGAVE 7   Læseforståelse: Ruths vinterferie 🔊

- Læs teksten *Ruths vinterferie*. Der er 10 fejl. Lyt, og find fejlene.
- Skriv 5 hv-spørgsmål og 5 ja/nej-spørgsmål om teksten.

Ruths vinterferie

Jeg hedder Ruth, og jeg er 27 år. Jeg tager altid til Østrig i vinterferien. Min far kommer fra Østrig, så Østrig er mit andet hjemland.

Jeg elsker at stå på skøjter. Jeg har stået på ski, siden jeg var 4 år. Jeg er ret god til det – men ikke så god som mine østrigske venner.

Min kæreste hedder Jonas, og han er 25 år. Jeg mødte Jonas for tre år siden på en sommerferie. Han er også god til at stå på ski.

De sidste tre år har Jonas og jeg holdt skiferie sammen i en skøn lille by, der hedder Skt. Anton. Skt. Anton ligger oppe i bjergene i Italien.

Vi vågner klokken 6 om morgenen, spiser vores morgenmad, og så tager vi ud og står på ski. Vi gør rent på vores hotel om eftermiddagen. Om aftenen går vi ud med vores forældre.

Skt. Anton har cirka 20 barer, så der er et kedeligt natteliv. Vi går fra den ene bar til den anden, og vi drikker en kop te eller en snaps på hver bar. Nogle gange bliver vi ret fulde. Det er sjovt. Men det er ikke så sjovt næste dag, når vi har tømmermænd og skal op og stå på ski.

UDTALE   Ordenstal 🔊

- Lyt, og gentag ordenstallene side 120.
- Spørg og svar med datoerne.

3/4	8/12	19/1	6/10	24/1
21/8	12/2	2/7	26/6	31/12
1/7	10/5	15/9	26/11	30/3

➕ **SPROGHJÆLP**

A: Hvad dato er det i dag?

B: Det er [dee] den (*'tredje a'pril*) / (*'tredje i 'fjerde*).

OPGAVE 8   Datodiktat 🔊

- Lyt, og skriv datoerne. Skriv fx *d. 2/11-1965*

1. _____   2. _____   3. _____

4. _____   5. _____   6. _____

7. _____   8. _____   9. _____

10. _____   11. _____   12. _____

DATOER

Arbejd videre med *datoer* på nettet. Skriv hvilken dato det er:

Fastelavn: _____   Mors dag: _____

Grundlovsdag: _____   International UFO dag: _____

Danmarks befrielse: _____   International AIDS dag: _____

OPGAVE 9   Holdundersøgelse: Interview hinanden[2]

• Pararbejde: Interview hinanden, og skriv svarene i et skema, som du får af din lærer.

✚ SPROGHJÆLP

A: Hvor'når er du 'født?   B: Jeg er [**jɑɑ**] 'født den ('7/'5 '1985).

A: Hvor'når kom du til 'Danmark?   B: Jeg kom til 'Danmark den ('30/'1 '2013).

• Fortæl om hinanden.

✚ SPROGHJÆLP

'Anna er 'født den ('7/'5 '1985). Hun kom til 'Danmark den ('30/'1 '2013).

• Skriv alles data i skemaet, og svar på spørgsmålene.

1. Hvor mange har fødselsdag om foråret? _____

2. Hvor mange har fødselsdag om sommeren? _____

3. Hvem har fødselsdag om efteråret? _____

4. Hvem har fødselsdag om vinteren? _____

5. Hvor mange kom til Danmark sidste år? _____

6. Hvor mange kom til Danmark i år? _____

7. Hvor mange kom til Danmark om sommeren? _____

8. Hvem kom til Danmark om vinteren? _____

9. Hvem har været i Danmark længst tid? _____

10. Hvem har været i Danmark kortest tid? _____

---

[2] Udlever skemaet i lærervejledningen. Øv først sproghjælpen med fokus på udtale. Dernæst interviewer kursisterne hinanden to og to (som i den første sproghjælp) og skriver hinandens data i skemaet. Bagefter fortæller de om hinanden til resten af holdet (som i den anden sproghjælp), imens alle noterer informationerne i skemaet. Til sidst kan kursisterne parvis svare på spørgsmålene.

	mandag **16**	tirsdag **17**	onsdag **18**	torsdag **19**	fredag **20**	lørdag **21**	søndag **22**
Formiddag	vaske tøj	til fitness	købe ind	11.00: til frisøren	til fitness	10.00: løbe en tur med Susan	i skoven med Mikkel
Eftermiddag	12.30-16: til dansk	12.30-16: til dansk	13.15: til modultest	gøre rent	i byen		
Aften	19.00: på cafe med Katrin	17-24: på arbejde i 7-Eleven	til fitness	21.00: i biografen med Mikkel	22.00: til fest med Katrin og Lea	18.30: til middag hos John og Marianne	16-23: på arbejde i 7-Eleven

OBS

TIDSUDTRYK: FREMTID

i eftermiddag	på mandag		
i aften	på tirsdag	skal (= en plan) → V1 + V2	Jeg skal have gæster v1 v2
i morgen		skal (= retning) → ÷V2	Jeg skal til lægen v1
i overmorgen	i weekenden		

➕ SPROGHJÆLP

A: 'Hvad skal 'Lydia 'lave ('mandag 'formiddag / 'eftermiddag / 'aften)?

B: Hun skal (vaske 'tøj / til 'dansk / på ca'fe med 'Katrin).

A: Hvor'når skal 'Lydia (i bio'grafen med 'Mikkel)?

B: Hun skal (i bio'grafen med 'Mikkel 'torsdag den '19 'klokken '21).

OBS: ugedag + tidsudtryk → ingen præposition fx mandag aften

• Pararbejde: Spørg hinanden. Brug alle tidsudtrykkene i boksen.

➕ SPROGHJÆLP

A: 'Hvad skal du 'lave (i 'eftermiddag)?
      v1   v2

B. Jeg skal (have 'gæster / be'søge nogle 'venner / gøre 'rent /
    v1   v2
                                vaske 'tøj / slappe 'af...).

OPGAVE 11   Skriv ordene under den rigtige præposition

cafe	skoven	modultest	byen	frisøren
fest	museum	koncert	tandlægen	kursus
middag	møde	skole	fødselsdag	teatret
arbejde	biografen	restaurant	diskotek	dansk

på	i	til

OPGAVE 12   Informationskløft: Udfyld Marks kalender[3]

- Pararbejde: Spørg hinanden om de informationer, som mangler i Marks kalender.

✚ SPROGHJÆLP

A: 'Hvad skal 'Mark 'lave ('tirsdag den '2/'4)?   B: Han skal (til fri'søren).

A: 'Hvad 'tid?   B: Klokken ('kvart over 'otte om 'morgenen).

(www) PRÆPOSITIONER

Arbejd videre med *præpositioner* på nettet.

Skriv de 5 nye udtryk i skemaet ovenfor under den rigtige præposition.

---

[3] Øv først spørgsmålene i sproghjælpen. Placer kursisterne parvis, gerne over for hinanden. Udlever A-opgaven til den ene og B-opgaven til den anden. Dernæst stiller den ene, fx A, spørgsmål, hvor information fra A-opgaven mangler, og den anden, dvs. B, svarer med de informationer, der er givet i B-opgaven. Fortæl kursisterne, at det er en øvelse i at forstå hinanden og træne mundtlig kommunikation. Derfor er det vigtigt, at de ikke ser hinandens opgaver.

OPGAVE 13   Læseforståelse: To postkort

Hej mormor

Hvordan går det? Jeg er på cykeltur på Bornholm
med skolen. Om dagen cykler vi, og om aftenen
sover vi på vores campingplads. I dag har vi cyklet
22 kilometer!

Vejret skifter meget: I går regnede det, men i dag
skinner solen. Hvordan er vejret hos dig? Hvad laver
du?

Kærlig hilsen
Christoffer

Gudrun Mogensen

Klampenborgvej 102

2800 Lyngby

Danmark

Hej min skat!

Hvordan har du det? Hvad laver du?

Susanne og jeg har det rigtig sjovt her i København,
selvom vejret er dårligt. Det regner og blæser.
Hvordan er vejret i Århus?

I går var vi på Statens Museum for Kunst, og
bagefter var vi i teatret. I dag skal vi i Tivoli.
Jeg savner dig (og elsker dig)!

Kys og kram
Linea

Kim Kristiansen

Guldsmedegade 33, 2. th.

8000 Aarhus C

Danmark

- Læs de to postkort, og skriv fem spørgsmål om postkortene.
- Skriv en e-mail, hvor du svarer på spørgsmålene i et af postkortene.

OPGAVE 14   Lyt og svar på spørgsmålene

1. Hvem ringer Olivia til? _____

2. Hvad hedder Olivia til efternavn? _____

3. Hvornår får hun fri fra skole? _____

4. Hvornår får hun en tid? _____

5. Hvad er hendes CPR-nummer? _____

- Få et papir af din lærer, og lyt igen. Skriv de ord, der mangler.

ORDFORRÅD

Arbejd videre med *ordforråd* på nettet.
Lav opgaverne og svar på spørgsmålene om Per her i bogen.

1. Hvem ringer Per til? _____

2. Hvornår får Per en tid? _____

3. Hvad er Pers telefonnummer? _____

REPETITION

SPØRG OM BILLEDET

* Pararbejde: Lav hv-spørgsmål og ja/nej-spørgsmål om Sara.
  Brug informationerne her.

Sara

Alder:	7 år	Fødselsdag:	26/11
Klasse:	1. u	Fødested:	Bulgarien
Bopæl:	Herlev	Kom til Danmark:	6/5
Søskende:	En storebror på 12 år		

Saras uge

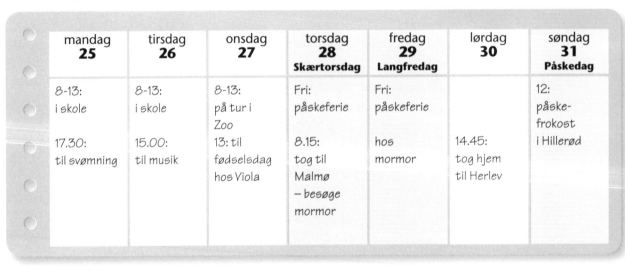

mandag **25**	tirsdag **26**	onsdag **27**	torsdag **28** **Skærtorsdag**	fredag **29** **Langfredag**	lørdag **30**	søndag **31** **Påskedag**
8-13: i skole	8-13: i skole	8-13: på tur i Zoo	Fri: påskeferie	Fri: påskeferie		12: påske- frokost i Hillerød
17.30: til svømning	15.00: til musik	13: til fødselsdag hos Viola	8.15: tog til Malmø – besøge mormor	hos mormor	14.45: tog hjem til Herlev	

QUIZ OG BYT^{© 4}

 TEST 6[5]

Lav *testen* på nettet.

EMNE TIL MODULTEST

Året rundt

Hvilke årstider er der i Danmark?

Hvordan er vejret de forskellige årstider?

Hvad skal du lave i din næste ferie (fx sommerferie)?

---

[4] Se note 12 side 21.
[5] Se note 13 side 21.

FRITID

Hobbyer

Kroppen

Farver

Medier / tv- og internetforbrug

Udtale: A / endelserne –ede og –et

Grammatik: Tidsudtryk / datid og før nutid

OPGAVE 1 **Lytteforståelse: Hobbyer** 🔊

- Snak om billederne to og to.

Thomas' hobby: _____

Anes hobby: _____   Lenes hobby: _____

Sandras hobby: _____

Bobs hobby: _____   Kristoffers hobby: _____

strikker	spiller bas	går til gymnastik	løber
spiller fodbold	svømmer	laver lækker mad	fotograferer
vandrer i naturen	spiller skak	har et kæledyr	maler
går til roning	spiller cello	går til ridning	ser film

- Hvilke hobbyer tror I personerne har? Snak sammen to og to.

✚ SPROGHJÆLP

A 'Hvilken 'hobby 'har ('Ane)?

B: Jeg 'tror, (*hun går til gymna'stik*).

A Det 'tror jeg 'også. / Det 'tror jeg 'ikke. Jeg 'tror (*hun / han*) …

- Lyt, og skriv personernes hobby.
- Lyt igen, og svar på spørgsmålene.

1. Hvornår begyndte Ane at gå til gymnastik?

2. Har Ane gået til ridning og svømning?

3. Hvor tit går Ane til gymnastik?

4. Hvor tit maler Lene?

5. Hvornår maler Lene?

6. Hvilke film elsker Thomas?

7. Hvilken dag mødes de i filmklubben?

8. Dyrkede Bob motion, da han var ung?

9. Hvem går Bob til roning med?

10. Hvad tid går han til roning?

11. Hvornår begyndte Kristoffer at spille cello?

12. Hvornår spiller Kristoffer?

13. Hvad laver Kristoffer i weekenden?

14. Hvornår vandrer Sandra?

15. Hvor lang tid vandrer Sandra?

 **ORDFORRÅD**

Arbejd videre med *ordforråd* på nettet.

UDTALE A 🔊

Vokalen A kan udtales på tre måder:

1. [**a:**] det lange, flade a som i **abe**
2. [**a**] det korte, mere åbne a som i **land**
3. [**α**] det dybe a som i **far** / **fra** – når a står foran eller efter r, udtales det dybt.

- Lyt og gentag ordene.

[a:]	[a]	[α]
Ane	mandag	aktiv
tale	kan	gange
bage	altid	mange

- Hvilken form af A hører du? Lyt, og sæt kryds.

	[a:]	[a]	[α]		[a:]	[a]	[α]
1. danser	○	○	○	6. dage	○	○	○
2. mad	○	○	○	7. skak	○	○	○
3. vandrer	○	○	○	8. laver	○	○	○
4. natur	○	○	○	9. bas	○	○	○
5. fotograferer	○	○	○	10. maler	○	○	○

OPGAVE 2   Grammatik: Sorter tidsudtrykkene

om natten	i går	om mandagen	i forgårs	om torsdagen
om året	i aften	om vinteren	i morgen	om aftenen
i torsdags	i går aftes	i overmorgen	sidste år	til sommer

Fortid	**Fremtid**	**Generelt**

- Se **tidsudtryk** side 116.
- Pararbejde: Spørg hinanden som i sproghjælpen.
  Brug tidsudtrykkene i skemaet side 101.

SPROGHJÆLP

Fortid = datid	**Fremtid m. skal**	**Generelt = nutid**
Hvad lavede du (*i går*)?	Hvad skal du lave (*i aften*)?	Hvad laver du (*om mandagen*)?

OPGAVE 3   **Lytteforståelse: Lyt og skriv de tidsudtryk der mangler**   🔊

Anna fra Spanien og Fabian fra Ungarn går til dansk på et sprogcenter. De snakker sammen i pausen.

Anna: Åh, hvor er jeg træt.

Fabian: Hvorfor er du så træt? Hvornår gik du i seng _____

_____ ?

Anna: Omkring klokken 22.

Fabian: Det er da tidligt! Jeg går som regel i seng klokken et _____

_____, og _____ gik jeg i seng klokken tre.

Anna: Ja, men _____ var jeg til fitness og _____

_____ gik jeg først i seng klokken 24.

Fabian: Hvornår går du til fitness?

Anna: Jeg går som regel til fitness _____ og _____ .

Går du til noget sport?

Fabian: Ja, jeg surfer. Jeg skal surfe _____ .

Anna: Surfer du her i Danmark? Fantastisk! Surfer du også _____ ?

Fabian: Ja. Jeg surfer på Facebook, Google og Youtube _____ .

Anna: Så du surfer på internettet. Det er ikke sport, Fabian! Dyrker du slet ikke sport?

Fabian: _____ et år _____ gik jeg faktisk til håndbold, og _____

skal jeg spille fodbold med mine ungarske venner. Vi spiller tit fodbold sammen,

og _____ skal vi på træningslejr.

Anna: Okay, det er sport!

 TIDSUDTRYK
Arbejd videre med *tidsudtryk* på nettet.

- Læs teksten *Min krop er mit lærred*, og svar på spørgsmålene.

1. Hvor længe har Ella boet i Danmark? _____

2. Hvad laver hun? _____

3. Hvornår fik hun sin første tatovering? _____

4. Hvor fik hun sin første tatovering? _____

5. Hvad er hendes yndlingsfarver? _____

6. Hvor har hun flest tatoveringer? _____

7. Hvor mange tatoveringer har Joey? _____

8. Hvor er Joey tatoveret? _____

Min krop er mit lærred

Jeg hedder Ella og er 26 år. Jeg kommer fra Finland, men jeg har boet i Danmark i 2 år.

Jeg bor sammen med min danske kæreste i Aalborg. Jeg arbejder i Fitness World som fitnessinstruktør.

Min store hobby er tatoveringer. Jeg fik min første tatovering, da jeg var 18 år gammel. Det var en blå, gul og lilla sommerfugl på den ene ankel. Så fik jeg en rød og sort blomst på højre lår, og bagefter fik jeg et gråt kranium på min højre arm. I dag har jeg tatoveringer over hele kroppen. Jeg har tatoveringer på maven, på ryggen, på begge ben og begge arme. Mine yndlingsfarver er sort, rød og grøn, så jeg har mange tatoveringer i de farver.

Jeg har flest tatoveringer på ryggen. I 2010 fik jeg lavet tatoveringer på hele ryggen. Det tog over 60 timer at lave! Jeg vil ikke tatoveres i ansigtet, på halsen og på hænderne, for det er grimt, synes jeg.

Min kæreste hedder Joey. Han elsker mine tatoveringer. Joey har kun en tatovering. Den sidder på hans højre balle. Det er et rødt hjerte, hvor der står "Ella" med orange og sort skrift. Den tatovering elsker jeg.

- Understreg alle farver og kropsdele i teksten. Skriv dem i boksene nedenfor. Kender I andre farver og kropsdele?

Farver   **Kroppen**

 ORDFORRÅD

Arbejd videre med *farver og kroppen* på nettet.
Skriv de nye ord for farver / kroppen i skemaet ovenfor.
På holdet: Tjek skemaet to og to, og læs ordene højt.
På holdet: Skriv kroppens gloser på tegningen.

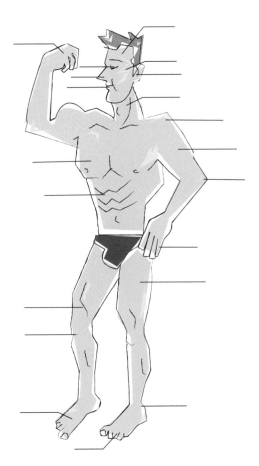

Et liv med løb

Danskerne elsker at løbe. I skoven, på stranden, i parker og på gaderne ser man mænd og kvinder, som løber. Faktisk er Danmark et af de lande i verden, hvor flest mennesker løber, nemlig 31 % af befolkningen over 16 år.

En af dem er Ninna, 27 år. Hun bor i København og løber fire gange om ugen.

"Jeg studerer matematik. Derfor sidder jeg meget ned foran computeren. Når jeg har studeret hele dagen, er det fantastisk at tage løbeskoene på og løbe en tur. Jeg føler mig så frisk bagefter, og så er det god motion! Jeg tror også, det er sundt. Jeg har fx ikke haft influenza de sidste to år", siger Ninna, som har løbet i to år.

Ninna har dyrket mange hobbyer i sit liv. "Da jeg var barn, gik jeg til mange forskellige ting, som basketball, ridning og klaver, men jeg stoppede altid igen".

Men hun stopper ikke med at løbe. "Det er nemt og hurtigt. Det er en superfleksibel sport. Man kan løbe, når man vil. Og så er det billigt. Det eneste jeg har købt, er et par gode løbesko", fortæller Ninna.

Ninna er meget inspireret af Fauja Singh, den indiske mand, der løb maraton (42 kilometer) som 100-årig. "Han er mit store idol, fordi han har vist os, at man kan, hvad man vil ", siger Ninna.

Indiske Fauja Singh har boet i England siden 1992. Han flyttede til London med sin søn, efter at hans kone døde. Han begyndte at løbe seriøst som 89-årig. Han løb sit første maraton, London Maraton, i 2000. 11 år senere – som 100-årig – løb han Toronto Maraton på 8 timer, 25 minutter og 16 sekunder. Fauja Singh – eller Turban Tornadoen, som han også kaldes – løber 10 kilometer om dagen. Singh har sagt til den amerikanske tv-station CNN, at hans fantastiske resultat skyldes fire ting: ingefær, karry, te og at "være glad". Men det er måske også fordi Singh ikke ryger, ikke drikker alkohol og er vegetar.

• Skriv 8 spørgsmål om teksten. Brug alle spørgeordene i boksen.

hvem	hvor	hvor mange	hvor tit	hvorfor	hvad

• Gå i grupper på tre, og stil hinanden jeres spørgsmål.
• Snak sammen på holdet:

1. Løber I selv? Hvis ja, hvor tit? Og hvor langt?
2. Dyrker I motion / sport?
3. Hvilke idrætsaktiviteter er populære i jeres hjemlande?

Top 5 – de mest populære idrætsaktiviteter

1.	Jogging/motionsløb	31 %
2.	Styrketræning	24 %
3.	Vandreture	23 %
4.	Aerobic/Zumba	12 %
5.	Gymnastik	12 %

Kilde: Berlingske.dk

OPGAVE 6   Grammatik: Datid og førnutid

- Hvad betyder sætningerne? Hvad er forskellen?

1	**a** Han boede i London i 30 år.	**b**	Han har boet i London i 30 år.
2	**a** Hun løb i to år.	**b**	Hun har løbet i to år.
3	**a** Jeg løb maraton i 2011.	**b**	Jeg har løbet maraton.

- Læs mere om *datid og førnutid* side 115.
- Kig på teksten *Et liv med løb*. Understreg verberne i før nutid, og skriv dem i skemaet. Snak om, hvorfor der er brugt førnutid.
- Bøj verberne i skemaet, og skriv hvilken gruppe de er.

Imperativ	Infinitiv	Nutid	Datid	Førnutid	Gruppe
studer	at studere	studerer	studerede	har studeret	1

- I *Et liv med løb* er der 7 verber i datid. Skriv dem her:

_____

- Skriv sætningerne, så de passer på dig. Brug datid / før nutid. Husk inversion.

1. For tre år siden _____ .

2. _____ i mange år.

3. Sidste år _____ .

4. _____ i to måneder.

5. For to timer siden _____ .

6. _____ engang.

7. _____ , da jeg var barn.

8. _____ i denne uge.

FØRNUTID

Arbejd videre med *førnutid* på nettet.

UDTALE   Endelserne –ede [ðð] og –et [ð]   ◁))

- Lyt, og gentag.

  lavede – lavet   arbejdede – arbejdet
  svømmede – svømmet   roede – roet

- Hvilken bøjningsform hører du? Lyt, og sæt kryds.

–ede [ðð]	–et [ð]	–ede [ðð]	–et [ð]
1. studerede	studeret	7. dansede	danset
2. dyrkede	dyrket	8. vandrede	vandret
3. boede	boet	9. surfede	surfet
4. flygtede	flygtet	10. tegnede	tegnet
5. spillede	spillet	11. samlede	samlet
6. malede	malet	12. lavede	lavet

OPGAVE 7   Minioplæg[1]

- Gruppearbejde: Få en tekst af jeres lærer, og forbered et oplæg om teksten, hvor I svarer på spørgsmålene.
  - Hvilken hobby har personen?
  - Hvor tit og hvornår dyrker personen sin hobby?
  - Hvor længe har personen dyrket sin hobby?
  - Hvorfor har personen denne hobby?

- Hold jeres oplæg i nye grupper. Lyt og noter i skemaet, mens de andre fortæller om deres tekst.

	Tekst 1	Tekst 2	Tekst 3	Tekst 4
Hobby:				
Hvor tit / hvornår:				
Hvor længe:				
Hvorfor:				

[1] Kopier de 4 tekster i lærervejledningen. Inddel holdet i 4 grupper. Hver gruppe får en tekst, som de skal arbejde sammen om. De kan læse teksten på holdet eller hjemme. Dernæst er hensigten, at de hjælper hinanden med at forberede et oplæg, hvor de kommer ind på spørgsmålene ovenfor. Til sidst finder kursisterne sammen i nye grupper, hvor alle har læst forskellige tekster. De holder oplæg for hinanden, og udfylder skemaet undervejs.

OPGAVE 8   Holdundersøgelse: Hvilke hobbyer har I på holdet?

- Sæt kryds i skemaet ved din(e) hobby / hobbyer.
  Har du andre hobbyer end dem i skemaet (= andet)?

SPØRGESKEMA: HOBBYER

spiller (*fodbold / håndbold*)	løber
spiller (*computerspil / skak*)	syr / strikker
går til (*fitness / dans*)	ser film
samler på (*mønter / frimærker*)	læser bøger
laver lækker mad	går lange ture
fotograferer	cykler
vandrer i naturen	synger
surfer på nettet	har et kæledyr
tegner / maler	rejser
spiller (*bas / klaver*)	svømmer
andet	

- Fortæl holdet, hvor I har sat kryds.
  Lyt til de andre. Sæt kryds i skemaet for alle, så du kan svare på spørgsmålene.

1. Hvilke hobbyer er de mest populære?

2. Hvor mange går til fitness eller lignende?

3. Hvor mange tegner / maler ?

4. Hvor mange spiller et instrument?

5. Hvilke andre hobbyer har I på holdet?

- Spørg hinanden to og to.

+ SPROGHJÆLP

'Hvilken 'hobby 'har du?	Jeg (*'svømmer*).
Hvor 'tit (*'svømmer*) du?	Jeg (*'svømmer*) (*'2 'gange om 'ugen*).
Hvor 'længe har du (*'svømmet*)?	Jeg har (*'svømmet*) (*i '10 'år*).
'Hvorfor (*'svømmer*) du?	Jeg (*'svømmer*), for'di det er 'sundt.

OPGAVE 9   Skriveopgave: Min hobby

- Skriv en tekst om din hobby.

OPGAVE 10 Læs og lyt: Internet og tv-forbrug i Danmark ◁))

Internet og tv-forbrug i Danmark

Folk i Danmark ser mere og mere fjernsyn i deres fritid. I 2006 så
danskerne i gennemsnit tv 2 timer og 46 minutter om dagen.
I 2011 så danskerne tv i 3 timer og 40 minutter om dagen.

Folk over 60 år ser mest fjernsyn. De ser fjernsyn 4 timer
og 21 minutter om dagen. De 21-40 årige ser tv 3 timer og
15 minutter om dagen. Børn mellem 3 og 11 år ser fjernsyn
1 time og 2 minutter, altså cirka to timer om ugen.

Alle over 12 år er i gennemsnit omkring 100 timer på internettet om
dagen. De mest populære websites er Google, Krak.dk, dr.dk, tv2.dk
og Amazon.

Men også sociale netværk som Facebook er populære. 50 % af svenskerne har en profil på
Facebook, så Danmark har verdensrekord i Facebook-profiler.

- Læs teksten *Internet og tv-forbrug i Danmark*.
- Lyt, og find de 8 fejl i teksten.
- Lyt igen, og ret fejlene, så du kan svare på spørgsmålene.

1. Hvor meget tv så danskerne om dagen i 2011? _____

2. Hvem ser mest fjernsyn? _____

3. Hvor meget tv ser børn mellem 3 og 11 år? _____

4. Hvor meget er alle over 12 år på internettet om dagen? _____

5. Hvor mange danskere har en Facebook-profil? _____

- **Holdrunde:** Fortæl
    - hvor mange timer du ser fjernsyn om dagen
    - hvilke programmer du ser

✚ SPROGHJÆLP

Jeg ser 'fjernsyn (*en 'halv 'time / en 'time / halv'anden 'time / '2 'timer*) om 'dagen.
Jeg ser 'mest ('*nyheder / 'krimier / re'ality shows / 'film / 'sport / 'tv-serier*).
Jeg har 'ikke 'noget 'fjernsyn.

- Lyt til de andre og noter, så du kan svare på spørgsmålene:

1. Hvor meget fjernsyn ser I om dagen – cirka? _____

2. Hvilke tv-programmer ser I mest? _____

3. Hvor mange har ikke noget fjernsyn? _____

OPGAVE 11   Holdundersøgelse: Mit internet-forbrug

- Udfyld spørgeskemaet.

SPØRGESKEMA

1	Hvor meget er du på internettet om dagen?	er ikke på nettet	under en time
		en til tre timer	over 3 timer
2	Hvornår er du mest på internettet?	om morgenen	om formiddagen
		om eftermiddagen	om aftenen
3	Hvad bruger du mest internettet til? (Du må højst sætte tre krydser)	at surfe og finde informationer	at shoppe
		at spille computerspil	at se tv
		sociale netværk (fx Facebook)	at læse nyheder
		at skrive og tjekke e-mails	jobsøgning
		at chatte / tale med venner og familie	netbank
4	Har du en Face-book-profil?	Ja	Nej

- Fortæl holdet, hvor du har sat kryds.
- Lyt, og sæt kryds i skemaet for alle på holdet.

✚ SPROGHJÆLP

Jeg er på 'internettet (en 'time) om 'dagen.
Jeg er 'mest på 'nettet (om 'formiddagen).
Jeg 'bruger 'mest 'nettet til at (se 'tv) og til ('jobsøgning).
Jeg har ('ikke 'nogen 'Facebook-pro'fil / en 'Facebook-pro'fil).

- Pararbejde: Tæl jeres krydser i spørgeskemaet, og svar på spørgsmålene.

1. Hvor mange er på nettet under en time om dagen? _____

2. Hvor mange er på nettet over tre timer om dagen? _____

3. Hvad bruger I mest nettet til? _____

_____

4. Hvor mange har en Facebook-profil? = _____ = _____ %

5. Er det flere eller færre end generelt i Danmark? _____

REPETITION

 BILLEDSERIE PÅ NETTET

Arbejd videre med *billedserien* på nettet.

Skriv nøgleord om Tanya og Issa her i bogen, så du kan lave quizzen om dem på holdet[2].

På holdet: Lav gruppequizzen.

Tanya

Issa

MATCHING[3]

 TEST 7[4]

Lav *testen* på nettet.

EMNE TIL MODULTEST

Min hobby

Fortæl om din hobby:

Hvilken hobby er det?

Hvorfor har du denne hobby?

Dyrker du din hobby i Danmark?

Hvor tit dyrker du din hobby?

EMNE TIL MODULTEST

Mit tv- og internetforbrug

Fortæl om dit tv-forbrug og internetforbrug:

Hvor meget tv ser du om dagen?

Hvornår ser du tv?

Hvilke programmer ser du?

Hvor meget er du på internettet om dagen?

Hvornår er du på nettet?

Hvad bruger du nettet til?

---

[2] Hensigten er, at kursisterne hjemme lytter og skriver noter om personerne i bogen. Næste gang inddeles holdet i mindre grupper, hvor de snakker om personerne på baggrund af deres noter. Til sidst laves gruppequizzen, hvor læreren læser spørgsmålene i lærervejledningen højt.

[3] Se note 12 side 35.

[4] Se note 13 side 21.

SPØRGSMÅL

HV-SPØRGSMÅL		**JA/NEJ-SPØRGSMÅL**
Hv-ord + verbal (V) + subjekt (S) … ?		Verbal (V) + subjekt (S) … ?
Hv-ord:		
Hvor (sted)	Hvor kommer du fra? V S	Kommer du fra USA? V S
Hvem (person)	Hvem er hun? V S	Er hun din kone? V S
Hvornår (tid)	Hvornår kommer de? V S	Kommer de? V S
Hvordan (måde)	Hvordan går det? V S	Går det godt? V S
Hvorfor (årsag)	Hvorfor går du? V S	Går du? V S
Hvad	Hvad hedder du? V S	Hedder du John? V S
Hvilke(n/t)	Hvilken dag er det? V S	Er det mandag? V S
Hvor mange (antal)	Hvor mange børn har du? V S	Har du to børn? V S
Hvor længe (periode)	Hvor længe er de i Rom? V S	Er de i Rom i 2 uger? V S
Hvor gammel (alder)	Hvor gammel er du? V S	Er du 27 år? V S

JA/NEJ-SPØRGSMÅL + KORTSVAR

Ved verberne **er** og **har** + alle **modalverberne:**

Er hun 36 år?	Ja, det **er** hun. / Nej, det **er** hun ikke.
Har han en cykel?	Ja, det **har** han. / Nej, det **har** han ikke.
Kan de tale dansk?	Ja, det **kan** de. / Nej, det **kan** de ikke.
Vil du spise morgenmad?	Ja, det **vil** jeg. / Nej, det **vil** jeg ikke.
Skal Sarah til Spanien?	Ja, det **skal** hun. / Nej, det **skal** hun ikke.
Må Peter komme med?	Ja, det **må** han. / Nej, det **må** han ikke.

Ved **alle andre verber =** gør

Hedder han Kim til fornavn?	Ja, det **gør** han. / Nej, det **gør** han ikke.
Taler hun fransk?	Ja, det **gør** hun. / Nej, det **gør** hun ikke.
Kommer de fra Peru?	Ja, det **gør** de. / Nej, det **gør** de ikke.
Spiser Tanya morgenmad?	Ja, det **gør** hun. / Nej, det **gør** hun ikke.

PRONOMINER

	PERSONLIGE		REFLEKSIVE	POSSESSIVE
	subjekt	ikke subjekt		
ENTAL 1. person	jeg	mig	mig	min / mit /mine
2. person	du	dig	dig	din / dit / dine
3. person	han / hun den / det	ham / hende den / det	sig	hans / hendes sin / sit / sine dens / dets
FLERTAL 1. person	vi	os	os	vores
2. person	I	jer	jer	jeres
3. person	de	dem	sig	deres

1. person = personen/personerne som **taler**
2. person = personen/personerne som man **taler til**
3. person = personen / personerne som man **taler om**

Sin – sit – sine

Som objekt, når objektet tilhører subjektet.   Tom elsker **sin** kone. **Hans** kone er sød.

s   v   o   s   v

OBS: sin / sit / sine aldrig som subjekt!

ADJEKTIVER

Adjektiver fortæller noget om substantiver eller pronominer:

Det er en **smuk** pige.   Pigen er **smuk**.   Hun er **smuk**.

Det er et **smukt** land.   Landet er **smukt**.   Det er **smukt**.

De fleste adjektiver har **tre former**:

GRUNDFORM	T-FORM	E-FORM
GOD	**GOD+T**	**GOD+E**
med n-ord En **god** bog / Bogen er **god**	med t-ord Et **godt** hus / Huset er **godt**	**1. i flertal** To **gode** børn / De er **gode** **2. efter den/det** Den **dyre** bog / Det **dyre** tv **3. efter poss. pron.** Min **store** søn **4. efter genitiv** Peters **søde** ven

SUBSTANTIVER

Et substantiv er et n-ord eller et t-ord.
Ca. 75 % af alle substantiver er n-ord.
Hvis ordet er sammensat, er det sidste del af ordet,
som bestemmer, om det er et n-ord eller et t-ord:
en sofa + et bord → et sofabord

N-ORD	T-ORD
en sofa - sofa**en**	**et** hus – hus**et**

Ental og flertal

	Ental (singularis)	Flertal (pluralis)	Flertals-endelse
1	en stue et komfur	stue**r** komfur**er**	**+ r** **+ er**
2	en stol	stol**e**	**+ e**
3	et lys	lys	÷
4	et barn	børn	**ny vokal**

Substantiver der ender på –e har + r i flertal. De fleste substantiver har + er i flertal.

Ubestemt og bestemt form

	ENTAL (singularis)		FLERTAL (pluralis)	
	ubestemt	bestemt	ubestemt	bestemt
1	en stue	stue**n**	stue**r**	stue**rne**
2	en stol	stol**en**	stol**e**	stol**ene**
3	et lys	lys**et**	lys	lys**ene**
4	et barn	barn**et**	børn	børn**ene**

Ubestemt form bruges **første gang** substantivet nævnes.
Bestemt form bruges **næste gang**, man taler om substantivet: Jeg har **en** sofa. Sofa**en** er rød.

VERBER

Imperativ (stamme)	Infinitiv (navnemåde)	Præsens (nutid)	Præteritum (datid)	Perfektum (førnutid)
1				
	+ e	**+ er**	**+ ede**	**har + et**
lav	lav**e**	lav**er**	lav**ede**	**har** lav**et**
cykl	cykl**e**	cykl**er**	cykl**ede**	**har** cykl**et**
2				
	+ e	**+ er**	**+ te**	**har + t**
kør	kør**e**	kør**er**	kør**te**	**har** kør**t**
spis	spis**e**	spis**er**	spis**te**	**har** spis**t**
3				
				har / er + (e)t
tag	tage	tager	tog	**har** tag**et**
få	få	får	fik	**har** få**et**

De fleste verber tilhører gruppe 1 og har +**ede** i datid.
I gruppe 3 er der ca. 120 uregelmæssige verber.

DATID OG FØRNUTID

Datid	Førnutid
Bestemt tid:	**Ubestemt tid / ÷ tid:**
Han **var** i Tivoli **i går**.	Han **har engang været** i Tivoli.
Jeg **spiste** frokost **klokken 12**.	Jeg **har spist** frokost.
Afsluttet tid / periode:	**Uafsluttet tid / periode:**
De **var** gift i to år. (= *de er skilt nu*).	De **har været** gift i to år. (= *de er stadig gift*).
De **boede** i USA i 2010. (= *de bor der ikke mere*).	De **har boet** i USA siden 2010. (=*de bor stadig i USA*).

Før nutid med *er*

To slags verber danner før nutid med er:

> Verber der betyder **bevægelse**   (fx at gå / køre / flytte / rejse)
> → Han er gået.
> Verber der betyder **forandring**   (fx at begynde / blive / vågne)
> → Han er begyndt til fodbold.

INVERSION = VS-ORDSTILLING

Inversion betyder omvendt ordstilling, dvs. at verbet (V) står foran subjektet (S).
Der er altid inversion i spørgsmål:

Hv-spørgsmål: Hvor kommer du fra?   Ja/nej-spørgsmål: Kommer du fra Danmark?
            V   S   V   S

Desuden har vi inversion ved:

1. **Tids-adverbialer:**   Han rejser **på onsdag**. →   **På onsdag** rejser han.
                         S   V   tidsadverbial   tidsadverbial   V   S

2. **Steds-adverbialer:** Han bor **i København**. →   **I København** bor han.
                         S   V   stedsadverbial   stedsadverbial   V   S

3. **Andre adverbialer** der kan sættes forrest i sætningen (*fx måske, selvfølgelig, derfor*):

                         Hun rejser **måske**. →   **Måske** rejser hun.
                         S   V   adverbial   adverbial   V   S

OBS: Nogle adverbialer (centraladverbier) kan <u>ikke</u> rykkes frem i sætningen fx *ikke, også, kun*

4. **Adverbielle led** kan nogle gange rykkes frem foran hovedsætningen, så den får inversion:

   Han læste, **da han kom hjem**.   →   **Da han kom hjem**, læste han.
                                                             V   S

TIDSUDTRYK

FORTID	FREMTID	GENERELT = altid	FREKVENS= hvor tit
i forgårs	i overmorgen	om dagen	hver dag
i går	i morgen		hver uge
i morges	i morgen tidlig	om morgenen	
i formiddags	i formiddag	om formiddagen	en gang om ugen
i eftermiddags	i eftermiddag	om eftermiddagen	to gange om ugen
i aftes	i aften	om aftenen	
i nat	i nat	om natten	
i mandags *osv.*	på mandag *osv.*	om mandagen *osv.*	hver mandag *osv.*
i weekenden	i weekenden	i weekenden	hver weekend
sidste uge / år	næste uge / år	om ugen / året	hvert år
sidste sommer	til sommer	om sommeren	hver sommer
for en uge **siden**			
for et år **siden**			

OBS: Ugedag + tidsudtryk = ingen præposition: Han løb/løber mandag formiddag.

PRÆPOSITIONERNE I OG PÅ

i =	**gader**	Jeg bor i Århusgade
	kvarterer	Han bor i Vanløse
	byer	Hun bor i London
	landsdele	De bor i Jylland
	lande	Vi bor i Holland

på =	**veje**	Jeg bor på Tuborgvej 27
	-brogade	De bor på Nørrebrogade
	øer	Han bor på Fyn

Ved disse kvarterer i København:

Østerbro, Vesterbro, Nørrebro,   Hun bor på Nørrebro
Frederiksberg, Amager, Christianshavn   Han bor på Amager

Etage / sal

st. = stuen	De bor i stuen	
1. = første sal	De bor på første sal	
2. = anden sal	Vi bor på anden sal	
3. = tredje sal	Han bor på tredje sal, tv.	tv. = til venstre
4. = fjerde sal	Hun bor på fjerde sal, mf.	mf. = midt for
5. = femte sal	De bor på femte sal, th.	th.= til højre

UDTALE

ALFABETET 🔊

A a [a]	**H h** [hå]	**O o** [o]	**V v** [ve] / **W w** [dɔblve]
B b [be]	**I i** [i]	**P p** [pe]	**X x** [ægs]
C c [se]	**J j** [jɔð]	**Q q** [ku]	**Y y** [y]
D d [de]	**K k** [kå]	**R r** [aɹ]	**Z z** [sæd]
E e [e]	**L l** [æl]	**S s** [æs]	**Æ æ** [æ]
F f [æf]	**M m** [æm]	**T t** [te]	**Ø ø** [ø]
G g [ge]	**N n** [æn]	**U u** [u]	**Å å** [å]

VOKALSKEMA[1] 🔊

	Fortungevokaler	Fortungevokaler	Bagtungevokaler
	ikke rundede	Rundede	Rundede

Lukket mund	1	2	3
↑	[i] (is)	[y] (by)	[u] (hus)
	[e] (se)	[ø] (øl)	[o] (bo)
	[æ] (æg)	[ö] (søn)	[å] (må)
	[a] (abe)		[ɔ] (kom)
Meget åben mund	[α] (far)		

[1] Der er flere vokallyde end dem i skemaet, fx kan vokalen a udtales på tre måder: [a:] som i abe, [a] som i land og [α] som i far.

D

Bogstavet **D** kan udtales på 3 måder:

[d]: hårdt d udtales med tungespidsen oppe bag tænderne i overmunden.
Øv udtalen af hårdt d ved at sige da, da, da og mærke tungespidsens placering.

> Tit i begyndelsen af et ord:
>
> **D**anmark   **d**ialog

[ð]: blødt d udtales med tungespidsen nede bag tænderne i undermunden.
Øv udtalen af blødt d ved at sige aaaaa med tungen ned bag tændrene i under-
munden. Sig ad, mens tungen holdes her.

> Tit efter en vokal, fx
>
> ma**d**   måne**d**
>
> [ð] findes også i endelserne – et [ð] og –ede [ðð]:
>
> har lytt**et**   lytt**ede**

[-]: stumt d udtales ikke. Tit ved –ld, –nd og –rd:

> ko**ld**   la**nd**   o**rd**

R

[r]: bagtunge r udtales med bagtungen, som man hæver nede i halsen.
Fortungen holdes nede bag tænderne i undermunden.
Sig aah [α]. Hold fortungen nede med en finger/blyant.
Sig nu raah [rα] uden at bevæge fortungen:

> F**r**ank**r**ig   Af**r**ika

[ɹ]: halvvokalen r udtales uden at bagtungen hæves:

> No**r**ge   Å**r**hus

TRYK I ORD

Tryk på første stavelse:	De fleste ord på dansk:
	'arbejde **'sko**le
Tryk på andre stavelser:	Tit internationale ord / ord fra andre sprog:
	avo**'ca**do no**'vem**ber
Tryk på sidste stavelse:	Ord som ender på -al, -at, -ik, -ion, -ist, -ansk:
	kommu**'nal** dik**'tat** fy**'sik** kommunika**'tion**
	kur**'sist** ameri**'kansk**

TAL 🔊

O   nul ['nål]

1	en ['en]	11	elleve ['ælvə]	21	enogtyve ['enɔtyww]
2	to ['to]	12	tolv ['tɔl]	22	toogtyve ['toɔtyww]
3	tre ['træ]	13	tretten ['trɑdn]	23	treogtyve ['træɔtyww]
4	fire ['fiiɔ]	14	fjorten ['fjoɹdn]		....
5	fem ['fæm]	15	femten ['fæmdn]	30	tredive ['trɑðvə]
6	seks ['sægs]	16	seksten ['sɑisdn]	40	fyrre ['fɔɹɔ]
7	syv ['syw]	17	sytten ['sødn]	50	halvtreds [halˈtræs]
8	otte ['åådə]	18	atten ['adn]	60	tres ['træs]
9	ni ['ni]	19	nitten ['nedn]	70	halvfjerds [halˈfjaɹs]
10	ti ['ti]	20	['tyww]	80	firs ['fiɹs]
				90	halvfems [halˈfæms]
				100	hundrede ['hunɔɔð]

1.000 tusind ['tusn]

1.000.000 en million [enmilˈjon]

1.000.000.000 en milliard [enmilˈjɑd]

ORDENSTAL 🔊

1. første	['fɔɹsdə]	11. elvte	['ælfdə]	21. enogtyvende	['enɔtywneɔ]
2. anden	['ann]	12. tolvte	[tɔlˈdə]	22. toogtyvende	['toɔtywnə]
3. tredje	['træðjə]	13 trettende	['trɑdnə]	23. treogtyvende	['træɔtywnə] ...
4. fjerde	['fjeeɔ]	14. fjortende	['fjoɹdnə]		....
5. femte	['fæmdə]	15. femtende	['fæmdnə]		
6. sjette	['sjæoedə]	16. sekstende	['sɑisdnə]	30. tredivte	['trɑðfdə]
7. syvende	['sywnə]	17. syttende	['sødnə]	31. enogtredivte	['enɔtrɑðfdə]
8. ottende	['ɔdnə]	18. attende	['adnə]	32. toogtredivte	['toɔtrɑðfdə]
9. niende	['niinə]	19. nittende	['nednə]	33. treogtredivte	['træɔtrɑðfdə] ...
10. tiende	['tiinə]	20. tyvende	['tywnə]		

OBS: Ved ordenstal er der punktum efter tallet, fx 1., 2., 3.